Lucy Jell
**Alex – Die Botschaft aus dem Jenseits**

# Lucy Jell

# Alex – Die Botschaft aus dem Jenseits

### Eine wahre Geschichte

edition fischer

E-Mail-Kontakt: lucy.jell@yahoo.de

Bibliografische Information Der Deutschen Bibliothek
Die Deutsche Bibliothek verzeichnet diese Publikation in der
Deutschen Nationalbibliografie; detaillierte bibliografische
Daten sind im Internet über http://dnb.ddb.de abrufbar

© 2008 by edition fischer GmbH
Orber Str. 30, D-60386 Frankfurt/Main
Alle Rechte vorbehalten
Schriftart: Palatino 11°
Herstellung: Satz*Atelier* Cavlar / NL
Printed in Germany
ISBN 978-3-89950-351-7

# Inhalt

# Vorwort

Ich, Lucy Jell, seit mittlerweile 25 Jahren in der Immobilien-
branche, seit einem Jahr mit meinem Mann zusätzlich
Inhaberin einer Wohnbaufirma, war, solange ich denken
kann, zwar ein sehr gläubiger Mensch, aber aus vielerlei
Gründen nicht mit der Institution Kirche verbunden, sondern einfach im Glauben daß es einen Gott, oder wie immer
man ihn auch nennen mag, gibt. Ein Buch zu schreiben war
nie ein Gedanke, denn ich konnte nie besonders gut schreiben. Reden war schon mehr meine stärkere Seite und für
meinen Beruf natürlich auch sehr förderlich.

In den letzten beschwerlichen Monaten hörte ich immer
und immer wieder jemanden in mir drin sagen: »Du solltest ein Buch schreiben.« Warum sagte die Stimme in meinem Kopf nicht: »Ich sollte ein Buch schreiben!«, Es war so,
als ob dies jemand anderer zu mir sagen würde. Immer
wenn ich Selbstgespräche führte, was ich regelmäßig tat,
sagte ich stets: Ich sollte dies, ich sollte das, ich sollte wieder
einmal und so weiter. Nur in diesem Fall sagte hier jemand:
Du solltest all das niederschreiben. Hinzu kam, daß auch
viele Freunde und Bekannte immer wieder, wenn ich mich
mit ihnen unterhielt, meinten, so etwas müsse man unbedingt aufschreiben, erstens, damit man es nie wieder ver-
gißt und zweitens, daß vielen Menschen Trost gespendet
wird und weil es einfach eine beeindruckende Geschichte
wäre. Menschen könnten daraus für ihr eigenes Schicksal
lernen und würden wenn sie in Trauer sind, nicht in Schmerz
und Hoffnungslosigkeit vergehen, sondern bewußt und
glücklich im »Jetzt« leben, weil mit dem Tod noch lange
nicht alles aus und vorbei ist, denn nach dem Lesen dieser
Zeilen wird ihnen das bewußt werden.

Bestimmte Mitglieder meiner Familie, das heißt meine Oma, meine Mutter, ich, meine Tochter und auch mein Sohn hatten schon immer einen feinen Draht, konnten immer Energien fühlen, die andere nicht fühlten, was aber zu unserem Leben einfach dazugehörte. Beziehungsweise wir hörten hin, wo andere Menschen eben nicht hinhörten. Seit meinem Teenageralter habe ich Bücher gelesen, die mit Engeln spirituellen Dingen zu tun hatten, habe aber deshalb nie abgehoben gelebt, sondern Höhen und Tiefen in meinem Leben erlebt wie wohl jeder andere Mensch auch. Hab vernünftige und unvernünftige Dinge getan, also alles ganz im normalen Bereich. Was mich von anderen Personen stets unterschied und auch heute noch unterscheidet, ist, daß ich mir viele Gedanken mache, über meine Umwelt, über die Welt schlechthin, einfach über alles. Aber feinfühlig und nicht oberflächlich zu sein, das kann ja niemandem schaden. Im Gegenteil, wenn man den Glauben hat, daß »danach« noch etwas existiert, wird man auf jeden Fall das eigene Handeln im Leben immer gut unter die Lupe nehmen. Denn der Bumerang kommt immer zurück, ob man gut oder schlecht ist. Gerade diese gewisse Feinfühligkeit hat bewirkt, die Dinge, die da so geschahen, nicht einfach nur hinzunehmen, sondern aufzupassen. Nichts geschieht umsonst, und das war auch ein Grund, warum dieses Buch geschrieben werden muß. So waren die Dinge, die da kamen, nicht völliges Neuland für mich. Gott sei Dank! Sonst hätte ich mich manchmal doch ein wenig geängstigt und hätte auch nicht damit umgehen können. Allerdings soll hier keinesfalls die Aufmerksamkeit auf meine Person gelenkt werden, sondern auf die Geschichte selbst, wie uns jemand, der gerade erst gestorben ist, in diesem Fall unsere Alex, voller Liebe den Weg zeigt, herauszufinden, daß er eben doch noch existiert, wenn auch auf eine andere Art und Weise.

Nach dem tragischen Tod meiner Schwiegertochter wurde ich durch viele Hinweise und Zeichen, die mir gegeben wurden, auf etwas hingelenkt, daß ich mich dem, was da für mich kommen sollte nicht mehr verschließen konnte. Es kamen durch unvorhersehbare Ereignisse Emotionen hoch, die ich nicht verstand, mit denen ich nicht umgehen konnte, die ich auch nicht unter Kontrolle hatte und die mir auch unheimlich waren. Man kann sagen, ich wurde sozusagen indirekt gezwungen, richtig hinzuhören und zu handeln. Ich bin überzeugt davon, daß diese Zeilen unter anderem auch geschrieben werden, um vielen Personen da draußen, die einen geliebten Menschen verloren haben, zu helfen. Es soll sie anhalten, die Ohren aufzusperren und aufzupassen. Es soll gezeigt werden, sprecht mit ihnen, als würdet ihr sie noch sehen, denn sie hören euch nicht nur, sie sehen euch auch, und sie nehmen sogar eure Gedanken wahr. Sie werden nach wie vor an eurem Leben teilhaben, denn nur wer das Radio anstellt, kann auch Musik hören, damit meine ich, nur wer seine Sinne schärft und richtig hinhört wird auch hören. Aus diesem Grunde denke ich, war ich die Person, die dies alles erleben durfte. Ich war ja nicht die Lieblingsbezugsperson meiner Schwiegertochter, nur ich war anscheinend diejenige, die von Anfang an zuhörte und nachforschte, bis die Rätsel gelöst waren.

Während ich dieses Buch schrieb, habe ich für mich selbst festgestellt je weiter ich in den Passagen kam, um so mehr konnte ich meine Emotionen langsam verarbeiten, die mich die ganze Zeit hatten schlecht schlafen und nicht mehr zur Ruhe kommen lassen und meinem Sohn geht es genauso. Jetzt ist das vorbei. Ich habe diese Ereignisse niedergeschrieben und sozusagen zu den Akten gelegt. Deshalb habe ich mir vorgenommen und versprochen, wenn dieses Buch verlegt wird, dann wird ein Teil meines Gewinnes an eine Stiftung gehen,die finanziell Menschen hilft, die durch

das Sterben eines Familienmitgliedes in Not geraten sind.
Denn hätte mein Sohn nicht seine Familie in dieser Situation gehabt, so hätte er nicht nur seine geliebte Frau verloren, sondern später auch seine Wohnung verloren und er hätte sich auch noch verschulden müssen, um all das, was an unvorhergesehenen Kosten kam, bezahlen zu können. Aus Dankbarkeit, daß wir in der schönen Lage waren, ihm hier helfen zu können, möchte ich einen Teil von diesem Gewinn spenden.

# Kapitel 1

## Der Tag davor

*16. Februar 2007*

Da das letzte Jahr doch recht anstrengend war, sowohl beruflich, als auch gesundheitlich wollte ich mir Gutes tun. Ich hatte eine schwere Operation hinter mir, war wieder gesund und wollte mir als Geburtstagsgeschenk etwas ganz Besonderes gönnen, etwas das mich aufbaute. Ich wünschte mir einen Besuch bei einem Medium das Kontakt zu meinem Schutzengel herstellen kann. In einem Buch über Schutzengel, das ich vor zwei Jahren regelrecht verschlungen hatte, war auf sehr schöne Art und Weise zu lesen, daß man mit seinem Schutzengel jederzeit sprechen und ihn auch um etwas bitten kann. In diesem Buch wurden auch viele Dinge, die ich in meinem Leben immer hinterfragt hatte, anschaulich und nachvollziehbar beantwortet. Das hatte mich damals tief beeindruckt. Wie ich erfahren konnte, hatte der Autor dieses Buches, durch ein weibliches Medium, Kontakt zu seinem Schutzengel hergestellt. Ich wollte nicht etwa Wahrsagerei oder ähnliches hören, sondern hauptsächlich, ob mein Schutzengel mir verrät, wie er heißt, damit ich ihn richtig ansprechen kann, ob ich in meinem Leben auf dem richtigen Weg bin und was ich noch besser machen könnte. Auf ziemlich schwierigem Weg fand ich endlich den Namen und die Adresse dieser Dame heraus, sie war nämlich im Telefonregister nicht eingetragen, und Werbung machte sie auch keine. So hatte ich dann glücklicherweise für den 16. Februar einen Termin erhalten.

Mit nunmehr 45 Jahren hatte ich eigentlich alles, was man sich wünschen kann, einen Ehemann um den mich viele Frauen beneideten und der mich wahnsinnig liebt, mir jeden Wunsch von den Augen abliest und den auch ich unendlich liebte. Zwei wohlgeratene, gesunde, anständige Kinder auf die ich stolz sein konnte. Eine dreizehnjährige, sehr hübsche und sehr feinfühlige Tochter, und einen Sohn, der mit seinen 26 Jahren sogar schon fünf Jahre sehr glücklich verheiratet war, und natürlich eine Schwiegertochter. Sogar Enkelkinder waren in letzter Zeit immer wieder Thema. Ich freute mich darauf und sah mich schon als Oma ein Enkelkind im Arm halten. Wenn alle vierzehn Tage die beiden Kinder meines Mannes aus erster Ehe da waren, waren wir eine richtig große Patchworkfamilie. Zudem hatte ich noch eine große Restfamilie mit vielen Geschwistern und Nichten und Neffen. In unserem sehr angesehenen und im Ort überall bekannten Familienunternehmen, das meine Mutter vor 27 Jahren aus einem Herzenswunsch heraus mit viel Mut, enormen Fleiß und Risikobereitschaft gegründet hatte, arbeitete ich mittlerweile auch schon 25 Jahre. Meine Arbeit machte mir mal mehr, mal weniger Spaß, wie das halt so ist, wenn man etwas schon sehr lange macht. So hatten mein Mann und ich uns vor eineinhalb Jahren selbst noch einmal ein wunderschönes Haus gebaut und auch noch eine eigene Wohnbaufirma gegründet. Es war immer sehr viel zu tun, und jetzt wollte ich mal etwas ganz allein nur für mich haben, mir einen innigen Wunsch erfüllen. Diesen Kontakt.

Familie, Kinder, Zufriedenheit, Glück, eine sehr harmonische Ehe, viel Spaß, sehr gutes finanzielles Auskommen, liebe nette Leute um uns herum, das hatte ich also glücklicherweise schon alles. Nur in letzter Zeit war immer mehr der Wunsch in mir gewachsen, zu lernen, ein Optimum aus meinem Leben zu machen. Ich wollte in positivem Sinne alles aus meinem Leben herausholen was möglich war. Wer könnte mir schließlich dazu mehr sagen als mein persönlicher Schutzengel, der mich schon immer begleitet. An ihn glaubte ich, solange ich denken kann.

Wir fuhren also drei Stunden mit dem Auto zu dieser Frau Sylvia T., hatten die ganze Zeit gute Laune und waren ziemlich aufgeregt. Auffallend war nur, daß Sandra während der ganzen Fahrt ununterbrochen redete wie ein Buch, was sonst überhaupt nicht ihre Art ist, und plötzlich ohne Grund auch ein paarmal anfing zu weinen. Einfach so. Wir wunderten uns darüber, fragten nach, konnten uns aber nicht vorstellen, warum sie heute so nah am Wasser gebaut hatte. Sie sagte, sie wisse selbst nicht, was heute mit ihr los sei. Eine gute Bekannte hatten wir auch noch mitgenommen, die ebenfalls unbedingt mit ihrem Schutzengel sprechen wollte. Während der Fahrt dorthin rief mein Sohn an und fragte ob wir zuhause wären, denn er und seine Frau Alex würden uns heute gerne besuchen. Wir hatten jedoch keine Zeit, was mir im nachhinein sehr leid tat. Warum, wird sich später noch zeigen.

Die Türe öffnete sich, und eine dunkelhaarige, herzliche Frau mit einem sehr netten Lächeln begrüßte uns. Als allererstes wollte sie wissen, wie ich denn überhaupt an ihre Adresse und ihre Telefonnummer gekommen wäre, da sie doch nirgendwo vermerkt sei oder Werbung machte. Ich habe ihr dann erklärt, daß der Impuls dazu durch ein Buch zustande gekommen wäre und auf welchen Umwegen ich das geschafft hätte. Das hat halt so sein sollen! Als wir vor ein paar Wochen den Termin vereinbart hatten, hatte sie mir am Telefon aufgetragen, ich solle mich zu Hause hinsetzen und mir ganz genau überlegen, was ich denn wissen wolle. Diesen Zettel sollte ich mitnehmen und in meiner Tasche verwahren, denn wenn ich diese Fragen aufschreiben würde, wäre ja mein Schutzengel bei mir, und somit kenne er diese ja bereits, wenn es dann zu einem Kontakt kommt, sofern er überhaupt mit mir sprechen will. Sie sagte, es käme schon ab und zu mal vor, daß keinerlei Kontakt stattfindet, aber sie könne das nicht beeinflussen. Frau T. legte eine Cassette ein und sagte mir daß das ganze Gespräch aufgezeichnet werden würde und ich es anschließend mit nach Hause nehmen könne. Zu Hause solle ich mir das immer und immer wieder anhören, denn beim ersten Mal wäre man gar nicht in der Lage, das alles zu verarbeiten. Sie teilte mir noch mit, daß ein Schutzengel über andere Personen nicht schlecht redet oder diese anprangert und daß er prinzipiell keine Todesnachrichten weitergibt. Das wäre ihm nicht erlaubt.

Gleich zu Anfang wurde beantwortet, daß er schon mit mir sprechen will, und verriet mir seinen Namen. Diesen möchte ich jedoch gerne für mich behalten. Was dann alles an Text kam, kam so fließend und ruhig gesprochen, und das über circa 90 Minuten lang. So viel Text hätte kein Mensch so fließend auswendig lernen können. Es wurde über meine früheren Leben gesprochen, was ich früher schon als Beruf alles ausgeübt hatte, in welchen Ländern ich gelebt hatte, meine Vorlieben und was ich gar nicht gerne mag und was ich in Zukunft unterlassen sollte. In meinem Fall war das mein ausgeprägtes Helfersyndrom. Ich konnte hören, daß ich helfen soll, ja, aber nicht dadurch daß ich meine Energie einbrachte, sondern ausschließlich dadurch, daß ich den Menschen vorleben sollte. Also schlicht und einfach in bezug auf manche Charaktereigenschaften nur ein Vorbild sein. In bezug auf die Berufe war sehr bemerkenswert, daß ich in meinen Vorleben genau das alles zum Beruf hatte, was ich in diesem Leben gerne mache und was mich besonders interessiert, beziehungsweise was ich besonders gut kann. Sogar meine Ängste wurden analysiert und somit auch meine starke Angst vor tiefem Wasser, und es wurde sogar erläutert, warum ich kalte Gewässer überhaupt nicht mag und auch nur ans warme Meer reise.

Ich hatte ja schließlich als erste Fragen genau welche zu meinen früheren Leben gestellt, zu meinen früheren beruflichen Tätigkeiten, zu den Orten, an denen ich früher war. Bisher war alles beantwortet, ohne daß ich meinen Zettel aus der Tasche genommen hatte. So kam dann eine Passage, in der mir erzählt wurde, wer in meinem jetzigen Leben auch schon in Vorleben mit mir zu tun hatte. Es wurden Fragen zu meinem verstorbenen Vater beantwortet, und auch das hatte auf meinem Zettel gestanden. Mein Vater, so wurde mir gesagt, wäre bei meiner Operation letztes Jahr dabeigewesen, und auch andere Engel hätten auf mich aufgepaßt. Nun, Frau T. konnte nicht wissen, daß ich und wann ich operiert worden war. Es war sehr bemerkenswert. Lange hat sich mein Schutzengel mit der Passage bezüglich meiner Gesundheit aufgehalten, aber diese Frage war ja schließlich auch aufgelistet. So sagte er auch, ich müsse jetzt eine lange Pause machen. Damit konnte ich gleich überhaupt nichts anfangen, aber bald sollte sich ja leider herausstellen, was er damit meinte. Ich konnte viel erfahren darüber, daß mein Mann und ich unser gemeinsames Hobby, Häuser zu planen und genau nach unseren Vorstellungen bauen zu lassen, ausleben dürfen. Gesunde Feng-Shui-Häuser, bei denen die Grundstücke vor Baubeginn auf Störfelder geprüft werden. Ich konnte hören, daß wir sehr erfolgreich sein werden, da wir mit dem Herzen dabei wären. Ich konnte hören, daß ich sogar die Fähigkeit hätte, gute Grundstücke zu riechen und dadurch von schlechten zu unterscheiden und daß ich auch in früheren Leben schon Tempel und Paläste ausgestattet, sowie immer schon recht gerne mit Farben gespielt hätte. Es wurden mir viele sehr genaue private Dinge gesagt, die kein Außenstehender wissen kann. So hatte ich an diesem Tag beispielsweise auch eine Frage zu meinem Bruder gestellt, der mir einen Tag vorher etwas sehr Brisantes erzählt hatte, und diese Frage konnte vorher niemand wissen, da ich die einzige Vertraute war. Nur vier bis sechs Monate später war alles genau so eingetroffen, wie mein Schutzengel es an diesem Tag im Februar vorausgesagt hatte. Auch im Bezug auf zwei weitere Personen in unserer Familie hatte er Dinge vorausgesagt, die sich nur ein paar Monate später, als völlig richtig erwiesen hatten und die kein Mensch unter Kontrolle hatte. Diese Voraussagen kann ich jedoch aus privaten Gründen nicht erläutern.

Ich war einfach nur verblüfft. So wurde also nach und nach jede Frage, die auf meinem Notizzettel stand, beantwortet. Als Frau T. nach circa 1 bis 1 ½ Stunden zu Ende war, meinte sie, ich könne nun meine Notizen hervorholen und überprüfen, was für eine Frage noch offen sei. Ich kontrollierte und sah, alles war komplett beantwortet worden, nur nicht die letzte Frage, die da lautete: Wie geht es mit meinem Sohn und seiner Frau weiter? Ich sagte:»Stopp, eine Frage steht da, die ist nicht beantwortet worden!« Aber irgend etwas in meinem Bauch sagte mir, ich solle das nicht fragen, und ich bemerkte:»Ach, das ist eine unwichtige Frage, bei den beiden passt ja alles, da hab' ich keine Sorgen, paßt schon, ich hab' keine Fragen mehr!« Der Grund für diese unerklärliche Unbekümmertheit, die ich heute nicht mehr nachvollziehen kann, lag einfach darin, daß die beiden, soweit ich informiert war, keinerlei Streß mit sich hatten. Sie waren immer zusammen, vermißten einander und liebten sich, soweit ich das bemerken konnte, ohne Wenn und Aber.

Da hatte mich mein Schutzengel, indem er mir instinktiv ein Gefühl im Bauch gab, davon abgehalten, etwas zu fragen, was ich noch nicht wissen durfte. Weder der Schutzengel noch wir Menschen dürfen und können den Lauf der Dinge stoppen. Es gibt Dinge zwischen Himmel und Erde, die man einfach im vorhinein nicht wissen darf.

## Kapitel 2

## Die letzte Nacht, der letzte Kuß

### 17. Februar / Faschingssamstag

Endlich Urlaub, eine Woche ohne Streß, ohne Telefon, vielleicht ein, zwei Tage zum Skifahren, ich freute mich sehr darauf! Grund hatte ich genug. Nach einer nicht auskurierten Grippe sowie einer Entzündung im Körper, die sich durch die vorausgegangene Operation letztes Jahr, in meinem Körper breitgemacht hatte, und darauf folgenden Herzproblemen brauchte ich einfach eine Auszeit.

Normalerweise, wenn ich schon ausnahmsweise mal keine Termine habe und ausschlafen kann, nutze ich das dann auch aus. Aber im Morgengrauen an diesem Tag wurde ich um **06.10 Uhr** geweckt von Schmerzen. Stechenden Schmerzen in meiner Blase. Gut, wie jede andere Frau auch, wußte ich, was eine Blasenentzündung ist, wie sich diese äußert, und ich hatte auch schon einige Male eine Zystitis. Im Prinzip nichts Besonderes.

Also ging ich auf die Toilette, dann wieder ins Bett. Nach nur fünf Minuten, die kaum auszuhalten waren, gedrängt vom heftigen Harndrang, wieder auf die Toilette. Mein Mann wachte auf : »Herzi, was ist denn los!« Ich sagte ihm, daß ich heftige Schmerzen in meiner Blase hätte. Irgendwie registrierte er das gar nicht, denn müde wie er war, und eine christliche Zeit war es auch nicht gerade, schlief er wieder ein.

**6.40 Uhr** – ( diese Uhrzeit sollte mich noch lange verfolgen, mehr dazu erfahren Sie in einem späteren Kapitel) ich halte es nicht mehr aus! Mit stärksten Schmerzen wieder auf die

Toilette. Dann ein Riesenschreck, Blut,Blut und nochmals Blut! Ich urinierte reines Blut. Schmerzen im Unterbauch als würde mir jemand den Leib aufreißen. Unkontrolliertes Zittern, fürchterliches Frieren. Auf einmal! Was war das? Was geschah hier mit mir? So plötzlich und ohne irgendwelche vorausgegangene Zeichen wie Schwäche oder dergleichen. Gestern ging es mir doch noch sehr gut! Zu diesem Zeitpunkt hatte ich noch keine Ahnung. Ich sollte noch früh genug erfahren, was hier geschehen war. Heute war Samstag, also mein Arzt auch nicht zu erreichen. So quälte ich mich dann wieder ins Bett und immer wieder auf die Toilette, aber die Schmerzen ließen nach und das Bluten hörte auf.

Hätte ich an diesem Tag normal geschlafen, hätte ich das Telefon im Erdgeschoß unseres Hauses um 8.20 Uhr auf keinen Fall gehört. Wir haben aus gesundheitlichen Gründen kein kabelloses Telefon, und somit hört man im Obergeschoß das Läuten eigentlich nur, wenn alle Türen offenstehen. Aber da ich ja sowieso schlaflos, mich hin und her wälzend im Bett lag und keinerlei sonstige Geräuschkulisse im Haus war, hörte ich ausnahmsweise das Klingeln.

Wer ruft denn am Samstag schon so früh an, was wird denn das wieder für ein »Schmarren« sein, dachte ich mir. »Hallo!« auf der anderen Seite mein Sohn Stephan: »Mam... Alex ist tot!« »Was ... wie ..., was ist passiert?« »Sie hatte einen Autounfall!« Er sagte das eintönig wie eine Maschine, ohne zu spürende Regung, ohne Schluchzen oder sonstiges.

Die eben gehörten Worte meines Sohnes rissen mir fast das Herz heraus. »Steph, nein, bitte!« »Oh mein Gott! – Wir kommen sofort!« Das war das einzige, was ich in diesem Moment herausbrachte. Alexandra, das war meine Schwiegertochter, und sie war und ist seine große Liebe, und ich konnte nur ahnen, was ihm jetzt an Herzschmerz bevor-

20

stand für eine sehr lange Zeit. Meine Beine zitterten, mein ganzer Körper schien sich nicht mehr unter Kontrolle halten zu können, wieder zitterte ich fürchterlich, und mir wurde plötzlich fürchterlich übel. Wie in Trance ging ich die Treppe hoch ins Zimmer meiner Tochter. Wie ein Roboter weckte ich meine Sandra mit den Worten auf: »Sandra wach auf, wir müssen sofort zu Steph fahren.« »Wieso, was ist denn los?« – »Alex ist tot, sie ist tödlich verunglückt!« Im nachhinein hätte ich mir die Haare raufen können für diesen Satz. Noch gefühlloser hätte man es einem dreizehnjährigen Teenager nicht beibringen können, aber ich stand völlig neben mir. Meine Tochter hing sehr an Alex. Sie war ihr wie eine große Schwester, und dann so ein Satz von mir. Allerdings wenn man einen Satz gesagt hat, läßt er sich halt nicht mehr rückgängig machen. Ich hatte nicht gesagt: »Sandra, du mußt jetzt stark sein, ich muß dir etwas Schlimmes sagen!« Oder ähnliches. Nein, ich handelte in diesem Moment wie eine Maschine. Wie eine Rabenmutter! Mein Gott fühlte ich mich schlecht!

Meine Tochter schrie nur: »Nein, Nein, nicht Alex, nicht sie, die haben sich bestimmt geirrt, das kann nicht sein!! Wie? Was? Hatte sie einen Unfall zu Hause?« Sie klammerte sich an mich, weinte gotterbärmlich, und mein Herz drohte schon wieder zu zerspringen. Ich sagte ihr ich wisse im Moment noch gar nichts und daß wir sofort zu Stephan fahren müßten um ihm beizustehen. Ich war immer noch wie benebelt, als ich ins Schlafzimmer ging und meinen Mann mit denselben Worten weckte. »Oh mein Gott!« war das einzige was er rausbrachte, sprang aus dem Bett, und eine halbe Stunde später standen wir drei bei Steph an der Tür. Große Angst überfiel mich. Als wir die Auffahrt hochfuhren, schlug mein Herz noch schneller, am liebsten wäre ich wieder umgekehrt. So viele Fragen gingen mir durch den Kopf: Wie kann ich ihm jetzt beistehen, bin ich stark genug für so etwas, wie ist das passiert, mußte sie leiden, wann ist das passiert, warum ist dieser Unfall geschehen, was kann ich tun, damit mein Stephan die nächste Zeit übersteht, wie kann ich meine Tochter trösten. So viele Fragen.

Meine Mutter, Stephans Oma, war mit Peter auch schon da. Man kann nicht mit Worten wiedergeben, wie das ist, sein eigen Fleisch und Blut so leiden zu sehen. Zusammengekauert saß er da auf seiner Couch, und immer wieder erzählte er, daß seine Alex an diesem Morgen verschlafen hatte. Um **06.10 Uhr** ( genau zu dieser Uhrzeit begannen meine Schmerzen ) wäre er von einer Kollegin angerufen worden was denn los sei, sie wäre noch nicht an ihrem Arbeitsplatz im Altenheim und es wäre schon nach 6 Uhr. So hatte Alex sich schnell angezogen, ganz kurze Morgentoilette und ab ins Auto. Aber ihre Art war da sehr relaxed. Wenn sie schon zu spät war, dann war es für sie egal ob es 15 oder 20 Minuten waren. Sie hatte, wenn sie schon mal verschlief, bewundernswerterweise überhaupt keine Hektik. Knappe zwanzig Minuten hatte sie immer zu fahren, und diesen Weg fuhr sie immer auf der Landstraße, da dies kürzer war und sie die Autobahn nicht mochte. Aus Gründen der Sicherheit nahm sie das Auto von Stephan den 5er BMW–Touring, anstatt des alten Passats. Stephan hatte an diesem Tag noch weiter geschlafen, es war ja schließlich Samstag.

Bis ihn die Hausglocke weckte, und diesen Ton sollte er nie wieder vergessen. Solange er in dieser Wohnung wohnte, wurde ihm das Läuten an der Haustüre, beziehungsweise die Art des Klingeltons zum Graus, weil sofort wieder alles da war und wie ein Film ablief.

Mit Stephans eigenen Worten gebe ich hier die Situation wieder:

*Er hatte an diesem frühen Morgen sehr unruhig geschlafen, was
bei ihm absolut ungewöhnlich war, da man normalerweise neben
ihm ein Haus hätte einreißen können, und er hätte trotzdem
weiter geschlafen.*
*Und genau wegen dieses schlechten Schlafes hörte er überhaupt
das Klingeln der Haustüre. Ungewöhnlicherweise war er sofort
hellwach. Er zog sich sofort etwas an, aber während er sich noch
anzog, hörte er, daß »Sturm geklingelt« wurde. Er hatte keinen
Ahnung, wie spät es überhaupt war. Hektisch rannte er schließlich Richtung Haustür, einer Glastür, durch die man genau sehen
kann, wer draußen steht. Er konnte sehen, daß vor dem Fenster
ein Polizeiwagen geparkt hatte. Er öffnete, und vor ihm standen
ein Polizist und eine Polizistin, die ihn fragten, wer er denn wäre
und ob ihm der BMW P...-JP...60 gehöre. Er war so perplex über
die Anwesenheit der Polizei, dachte dabei aber an gar nichts. Kein
Gedanke, daß da etwas passiert sein könnte. Auf die Frage der
Polizei, ob ihm das Auto gehören würde und wer denn mit dem
Auto jetzt gerade unterwegs wäre, antwortete er nur, meine Frau,
aber sicher könne er es nicht sagen.*

*Wie spät ist es jetzt, fragte er dann den Polizisten. 07.50 Uhr.
»Vielleicht hat meine Frau das Auto auch einer Arbeitskollegin
geliehen.« Aber eigentlich könne es nur seine Frau sein. So rief er
bei der Arbeitskollegin an und hörte von Cora, daß Alex nicht
angekommen sei. Sofort versuchte er Alex auf dem Handy zu
erreichen, aber sie ging nicht ran. Schließlich sagten die Beamten,
ob sie reinkommen dürften, sie hätten ihm etwas zu sagen, und er
solle sich hinsetzen. Spontan hatte er sofort gesagt: »Wieso hatte
sie einen Unfall?« griff nach seinem Hausschlüssel, denn dann
müsse er ja sofort ins Krankenhaus zu ihr fahren, und sie sollten
ihm dann den Rest unterwegs erklären. Die Polizei ließ sich aber
nicht davon abbringen, daß er sich erst einmal hinsetzen solle.
»Wenn jetzt also definitiv geklärt ist, daß Ihre Frau mit dem*

*Wagen unterwegs war, dann müssen wir Ihnen jetzt leider mit-*
*teilen, daß Ihre Frau einen tödlichen Autounfall hatte!« So die*
*Polizei.* *»Wir können Ihnen leider nicht mehr dazu sagen, da*
*meine Kollegin und ich nicht am Unfallort waren, sondern zwei*
*andere Kollegen.« Man muß sich auch mal in die Lage von diesen*
*Polizisten versetzen, die müssen da, ohne die Situation zu ken-*
*nen, jemandem auf den Kopf weg die schrecklichsten Nachrichten*
*überbringen. Derartiges muß wohl sehr schwer zu verarbeiten*
*sein. Hut ab vor solchen Leuten.*

*So saß er da, als hätte ihm jemand einen Spaten über den Kopf*
*gezogen, schon fast versucht zu sagen, sie sollen mit solch makab-*
*ren Scherzen aufhören, wo ist hier eine Kamera. Aber als dann die*
*Frage kam, ob er nicht einen Verwandten oder Freund anrufen*
*möchte, war Denken nicht mehr möglich. Mit zittrigsten Händen*
*drückte er auf dem Handy nur die zuletzt gewählte Nummer, und*
*das war die seiner Oma. Peter, Omas Lebensgefährte, ging schließ-*
*lich ans Telefon:»Was ist denn los, daß du so früh anrufst?« –*
*»Alex hatte einen Unfall!!« –»Wo müssen wir hinkommen, wir*
*kommen sofort!« –»Ihr müsst nirgends hinfahren! Sie ist tot!«*
*»Was?« dann Stille. Er fragte dann nur ob sie zu ihm kommen*
*könnten, was sie natürlich taten.*

In diesem Moment war er immer noch nicht in der Lage zu
weinen. Er dachte, wenn seine Frau tot wäre, wenn ihr was
passiert wäre, hätte er das doch bestimmt gefühlt, so eine
Verbindung, wie sie beide immer hatten. Aber er spürte
nichts. Rein gar nichts. Im Gegenteil, es fühlte sich für ihn
so an, als würde sie direkt neben ihm stehen.
Als nächstes rief er mich, seine Mutter an und erst als er
mich schreien hörte:»Steph, nein, bitte!« hatte er den Punkt
erreicht, an dem er das alles realisierte. Es überkam ihn ein
Schmerz, der nicht beschreibbar ist. Weinen, das man nicht
mehr mit Weinen beschreiben kann. Schmerz, bei dem das

Wort Schmerz eigentlich überhaupt nicht paßt, das ist eher ein inneres Sterben.

Bis zum Eintreffen seiner Familie rief er seinen besten Freund Bernd, der seit zwei Jahren in der Wohnung über ihm wohnte an, um ihm das Geschehene zu berichten und ihn zu bitten zu ihm herunterzukommen. Da Bernd, der auch Alex ein sehr guter Freund war, nunmehr bei ihm war, bat er die Beamten, sie sollten doch bitte auch zu den Eltern von Alex fahren und ihnen sagen, daß ihre Tochter tot sei. Er konnte es ihnen ja nicht selbst mitteilen, da seit Jahren keinerlei Kontakt stattgefunden hatte, seit sie vor fünf Jahren heirateten, und davor auch nicht wirklich, seit sie damals ausgezogen war. Ich kann mich noch erinnern, als wäre es gestern gewesen. Stephan hatte sie kennengelernt, da war sie 16, und bereits ein paar Wochen später kam Stephan eines Tages nach Hause, und Alex hatte eine Reisetasche dabei. Kleinlaut hatte sie gefragt, ob sie denn erst mal hier bleiben dürfte. Nach Hause könnte sie nicht mehr. Natürlich hatten wir Platz, und selbstverständlich konnte dieses junge Mädchen bei uns bleiben, solange sie wollte. Das war dann auch der Fall. Sie wohnte mit Stephan in einem Zimmer mit eigenem Bad und hatte ein neues Zuhause bis sie circa drei Jahre später in eine eigene Wohnung gezogen waren. Alt genug waren beide zu diesem Zeitpunkt ja schon, und mittlerweile brauchten sie auch eigene vier Wände, deshalb hatte es auch schon ein paarmal Auseinandersetzungen gegeben. Ihre eigenen Eltern hatte sie immer und immer wieder nur noch ihre Erzeuger genannt. Wie verbittert sie darüber war, konnte man oft genug hören. Dieser Umstand des Fehlens einer eigenen Familie hatte ihr auf jeden Fall sehr lange zu schaffen gemacht. Aber seit kurzer Zeit hatte man den Eindruck, sie wäre darüber hinweg, sie hatte die Tür hinter sich geschlossen, was Kindheit und Teenageralter sowie die Vergangenheit mit ihrer Familie betraf. Dachten wir zumindest. In Kürze würden zwei Polizisten genau diesen Eltern mitteilen, daß ihre Tochter bei einem Autounfall ums Leben gekommen sei. Stephan selbst wäre nie in der Lage gewesen, trotz der Distanz, die sie zueinander hatten, ihnen so eine Nachricht zu überbringen. Ihm teilten die Polizeibeamten noch mit, daß sie sich später noch einmal melden würden, da er zu ihnen auf die Dienststelle kommen müsse und er dort später Näheres erfahren würde.

## Kapitel 3

## Ich bin immer noch da

Stephan wollte nur noch sofort zu seiner Alex. Nur wir konnten ihn auf keinen Fall zur Unfallstelle fahren lassen, da uns gesagt wurde, die Feuerwehr arbeite immer noch an der Bergung des Wracks. So konnten wir in diesem Augenblick auch nicht abschätzen wann der Leichnam abtransportiert werden würde. Dorthin zu fahren, solange seine Frau noch im Wrack war, mußten wir unbedingt verhindern. Wenn er schon nicht zur Unfallstelle könne, dann wolle er dahin, wohin man sie transportiert hatte. In die Gerichtsmedizin. Egal wie, er wolle sich von ihr verabschieden.

So waren wir also lange Zeit bei ihm in der Wohnung, versuchten ihn aufzuhalten, versuchten zu erklären, warum er denn nicht an den Unfallort fahren und weder Unfallstelle noch das Wrack ansehen sollte. Wir versuchten zu trösten, litten gemeinsam, konnten es allesamt nicht fassen, daß sie plötzlich nicht mehr da war. Seit acht Jahren gehörte sie zu uns, daß sie einfach nicht mehr in dieser Welt war, daß jede einzelne ihrer Verletzungen tödlich gewesen war. Mir ging die ganze Zeit durch den Kopf ob sie den Unfall mitbekommen hatte. Ob sie ihr nahendes Sterben mitbekommen hatte, beziehungsweise ob sie verletzt war und ihr Sterben noch realisieren konnte, bevor sie für immer ging. Ich hoffte sehr, daß dies nicht der Fall war. Wir wußten zu diesem Zeitpunkt ja noch rein gar nichts. Wie sich jedoch später herausstellte, war es ein Sekundentod.

Immer und immer wieder lief in meinem Kopf ein Film ab, als sie diese Woche das letzte Mal bei uns war, was sie gesprochen hatte, wie sie gelacht hatte und wie sie dabei ihre blauen Augen immer zusammenkniff und ihre Stupsnase in den Vordergrund trat. Ich konnte zum Beispiel ihr Lachen noch ganz genau hören, und wie sie mit ihrer hellen Stimme immer rief:»Hallo Lucy!«, wenn sie zu Besuch kam, oder wie sie ihre brünetten Haare immer nach hinten über die Schulter warf oder wenn ihr langweilig war, mit diesen spielte. Es dauerte nie lange, und der Gesprächsstoff war das Altenheim und was sie dort wieder für unschöne Dinge erlebt hatte. Medizinische Themen im allgemeinen waren sowieso ihr Lieblingsbereich bei Unterhaltungen. So konnte ich sie buchstäblich noch in meinen Gedanken sehen, wenn sie ihren Kopf immer an die Schulter ihres Mannes legte und ihn Schatzi nannte. So versuchte ich mich in diesem Moment natürlich genau an das letzte Mal, als ich sie sah, zu erinnern. Eigentlich wäre das ja gestern gewesen, da die beiden uns besuchen wollten, wir aber keine Zeit hatten.

Also soweit ich mich erinnern konnte, war das am Mittwoch, da war sie mit Stephan bei uns gewesen, da er bei Sandras Computer etwas installieren mußte. Ich kann mich noch erinnern, wie sie über ein bestimmtes Ereignis lachte und wie mir dann ganz plötzlich sehr schlecht wurde. Ich bekam Darmkrämpfe und dachte, ich muß mich gleich übergeben. Der Boden schien mir an diesem Mittwoch unter den Füßen zu verschwinden und mir wurde heiß und kalt. Ich sagte noch zu Alex:»Ich weiß gar nicht was plötzlich mit mir los ist!« und da dies nicht besser wurde, sagte ich sogar, ich müsse mich jetzt auf die Couch legen, sonst fiele ich gleich in Ohnmacht.« Dann fuhren sie nach Hause. *Das war das letzte Mal als ich sie sah.* An diesem Abend war noch meine Freundin zu Besuch angesagt, und über mein Befinden hab ich sogar mit ihr noch gesprochen, es war, so plötzlich wie es kam, auch wieder weg. Als ich mich so erinnerte lief in meinem Kopf ein Film ab, wie stolz sie damals auf ihr Brautkleid war, weil es genauso aussah, wie sie es sich immer erträumt hatte. Wie viel sie gelacht hatte auf der Hochzeitsfeier. Ihr überaus strahlendes Lächeln zeigte, wie glücklich sie war, an diesem Tag ihren Stephan geheiratet zu haben. Der Film in meinem Kopf verblaßte, denn die Realität holte mich ein, wir hatten Faschingssamstag und eben erst die Nachricht von ihrem Tod erhalten.

Für meinen Sohn waren die kommenden Stunden ein Zustand, den man nicht in Worte fassen kann. Es war die Hölle. Tausende von Gedanken, die sich im Sekundenrhythmus änderten, die wirr durcheinander gerieten, rationales, klares Denken war für ihn überhaupt nicht mehr möglich.

Im Laufe dieses schrecklichen Tages fuhren schließlich mein Mann, meine Tochter und ich nach Hause, holten unser Holzkreuz, das in unserem Flur hing, und beschlossen, natürlich ohne Sandra, die Unfallstelle aufzusuchen, um dieses Kreuz dort aufzustellen. Man kann sich nicht vorstellen, welche Gefühle in einem aufsteigen, wenn man vor dem Baum steht, der die Todesursache für einen geliebten Menschen war. In 2 m Höhe war die Rinde vom Baum weggerissen, überall am Boden waren noch diverse Utensilien verstreut, die tags zuvor noch unserer Alex gehörten. Ziemlich schnell stellten wir unser Kreuz auf, denn wir hatten das dringende Bedürfnis, diesen Platz ganz schnell wieder zu verlassen. Ich hatte das Gefühl, keine Luft zu kriegen. Brechreiz, Atemnot, all das überkam mich, und mein Mann spürte das und führte mich sachte von dieser Stelle des Grauens weg.

Mein Bruder hatte sich im Laufe des Tages bereit erklärt, all die Formalitäten mit dem Beerdigungsinstitut zu erledigen, da er wußte, ich muß jetzt für Stephan da sein, denn dieser wäre absolut nicht in der Lage, hier irgend etwas zu organisieren.

Stephan hatte ja beschlossen, ein wenig für sich allein sein zu wollen, und später mußte er ja, wie von den Polizisten angekündigt auch noch zur zuständigen Polizeidienststelle fahren wegen der ganzen Personalien.
Folgendes ist hier wieder mit Stephans eigenen Worten wiedergegeben, da ja nur er seine Emotionen beschreiben kann, denn ich war auf dieser Dienststelle und in diesen Stunden nicht dabei:

*Die zwei Stunden bis zum Anruf der Beamten und die Zeit bis 14 Uhr kamen mir wie eine Ewigkeit vor. Als ich die Dienststelle gemeinsam mit meinem Freund betrat, sahen mich die Polizeibeamten an, und ich mußte ihnen nicht mehr sagen, wer ich war, sie sahen es in meinem Gesicht.*
*»Sie sind der Ehemann, nicht wahr?« Behutsam, aber sehr ausführlich wurde mir dann erklärt, wie der Unfall wohl passiert sein könnte, daß es definitiv aber noch nicht genau geklärt wäre. Die beiden Beamten waren nicht mehr die Jüngsten und hatten in ihrer Laufbahn ganz bestimmt schon einiges erlebt, aber trotzdem waren beide kreidebleich im Gesicht. Das hatte wohl die Ursache im Unfall selbst und dem, was man auf den Bildern sehen konnte. Ich wollte diese Bilder sehen, egal, wie schrecklich sie waren, um erstens überhaupt glauben zu können, daß sie wirklich tot war, und zweitens um ein wenig das Gefühl zu bekommen, ich wäre jetzt bei ihr. Um mich davon abzuhalten, meine Frau noch einmal sehen zu wollen, wurden mir im Detail die einzelnen Verletzungen und jede einzelne davon wäre für sich schon tödlich gewesen. Sie hatte also vom Schicksal keine Chance erhalten davonzukommen, den Unfall zu überleben, so war mein Eindruck. Beim*

Betrachten einiger dieser Bilder, denn alle wurden mir nicht gezeigt, war ich fassungslos, erstaunt, überrascht und unendlich schockiert. Wie konnte ein Auto bei dieser geringen Geschwindigkeit von 80 bis 100 Stundenkilometern bei einem Aufprall so stark beschädigt werden. Wie hatte sie es nur geschafft dieses doch relativ große Auto so zu zerstören? Das Auto wurde ja nur noch von der B-Säule auf der rechten Seite zusammengehalten, der Rest war auseinandergerissen und der Baum hatte sich bis zum Fahrersitz förmlich durchgeschnitten. Hätte ich am Heck nicht die eigene Autonummer lesen können, wäre es für mich nicht zu glauben gewesen.

Eigentlich wollten wir am Heimweg dann noch an der Unfallstelle vorbeifahren, aber während der Fahrt fand ich dann doch besser, es bleiben zu lassen.

Im Laufe des Nachmittages kamen dann noch einige Verwandte um mir beizustehen, aber ich muß sagen, ich funktionierte nur, ich tat, was ich dachte, daß die anderen nunmehr von mir erwarten. Ich handelte so, damit sich keiner um mich Sorgen machen sollte. Aber innerlich, in meinem Herzen, sah ich in rein gar nichts mehr einen Sinn. Warum hatte man mir das Liebste in meinem Leben genommen, warum so früh, warum einen so herzlichen, warmen Menschen, der sogar alte Leute pflegte? Warum mir, der ich doch absolut niemandem etwas tat? Der Gegengedanke dazu war dann immer, es hat doch alles im Leben einen Grund. Nichts geschieht umsonst. Es mußte geschehen. Es wäre wahrscheinlich nicht zu verhindern gewesen. Würde mich heute jemand fragen, warum ich damals so gedacht habe, ich könnte es nicht beantworten. Diese Gedanken waren einfach da, von Anfang an. Ich mußte in dieser Situation immer wieder an meine Alex denken, wie sie reagiert hat, wenn es mal Streß gab: »Schatzi, bleib ruhig, das kriegen wir schon hin!« war ein typischer Satz von ihr, und ich war stolz, wenn ich dann die Dinge immer hinbekommen hab'. Solche Gedanken kreisten in diesen Momenten in meinem Kopf. So hatte ich auch jetzt wieder etwas zu bewältigen, aber mein Schatzi war nicht hier, um mich aufzumuntern!

Die Praxis holte uns wieder ein, denn wir hatten einiges zu erledigen, so fürchterlich sich das auch anhört, aber der Text für die Sterbezettelchen mußte ausgesucht werden was extrem schwierig war, dafür mußte dann auch noch ein Bild von Alex organisiert werden, das wiederum auch dafür geeignet war, das heißt, ich wollte unbedingt ein Bild von ihr, auf dem sie lachte. Der Text für die Anzeige in der Zeitung mußte ausgesucht werden, auch der sollte wieder zu unserer Alex passen. So ist es schon grausam genug, einen geliebten Menschen zu verlieren, dann muß man sich in so einer Situation auch noch um Behördenkram, Sarg, die Suche nach einem Grab, Sterbebildchen, Anzeige, Musik, Text und vieles mehr, kümmern.

Seine Autoschlüssel hatten wir ihm aus lauter Angst bereits abgenommen, damit er nicht noch eine Kurzschlussreaktion begehen würde. Wieder zu Hause angekommen waren wir alle erst einmal stumm, wie gelähmt, konnten kaum sprechen, mußten unseren Tränen freien Lauf lassen, als mich die Frage »warum« nicht mehr losließ, immer dieses »warum sie«, »warum jetzt«, »warum so grausam«. So fiel mir ganz spontan Sylvia T. ein, bei der ich ja am Abend zuvor erst gewesen war.

Eine riesige Wut stieg in mir hoch. Ich war also am Tag vor diesem Unglücksfall bei ihr, und mein Schutzengel hatte mir überhaupt nichts, rein gar nichts, von dem erzählt, was denn da nicht einmal zwölf Stunden später auf mich zukommen würde. Dann fiel mir ganz spontan ein, daß ich meine letzte Frage, die ja über Stephan und Alex gehandelt hatte, nicht hatte beantworten lassen. Warum auch immer!
In meiner Not und in tiefer Wut rief ich dieses Medium also am 17.02. noch am Nachmittag an, schilderte ihr, kaum daß ich sprechen konnte, die Situation und fragte sie ob sie mir

dazu etwas sagen könne und ob es irgend etwas gäbe wie ich meinem Sohn jetzt helfen könnte.

Folgendes klingt erst einmal richtig unglaublich und unverständlich und ist für den »normalen Menschen« kaum nachvollziehbar, aber all das hat sich im Nachhinein als richtig erwiesen und herausgestellt.
Ob Sie jetzt schon Kontakt zu Alex oder zum Schutzengel von Alex herstellen könne, oder ob sie beziehungsweise mein Schutzengel mir irgendwie etwas Wichtiges zu sagen hätte. Es dauerte ein Weilchen (sie sagte, sie müsse erst nachfragen, ob es ihr erlaubt sei mehr zu wissen), dann sagte sie:
**»Ja, ich soll dir etwas sagen, aber es wird sehr hart sein, das zu verstehen und zu befolgen. Es wird dich fast um den Verstand bringen, jetzt in gewisser Weise zu handeln.«**

Du hast mich, deinen Schutzengel gestern nicht gefragt, weil du gespürt hast, du darfst diese Frage nicht stellen.«
Aber hättest du gefragt, dann hätte ich dir sagen müssen: Es ist mir nicht erlaubt, darüber zu sprechen!«
Alexandra (er sagte Alexandra, wir sagten immer Alex) ist im Moment total verwirrt, sie weint und begreift nicht, was hier mit ihr geschehen ist. Sie hat zwei Engel an ihrer Seite, aber sie weigert sich, mit ihnen mitzugehen. »Geh zu deinem Sohn, der unglaublich verletzt und traurig ist und zugleich unter Schock steht. Sage ihm, daß er von da, wo er jetzt ist, nach Hause fahren soll. Seine Frau sitzt jetzt in diesem Moment wieder in dem Stuhl, in dem sie immer gesessen hat, wenn sie gelesen hat, in dem Zimmer bei den Computern, und ist verzweifelt, weint schrecklich. Sie versteht nicht, sie hat eben noch gesehen, wie das Auto am Baum hing, wie **20 Helfer** (1 Tag später war in der Zeitung zu lesen, daß es genau **20** Helfer waren) ihren Körper aus dem Wrack befreit haben. Sie wollte zurück in ihren Körper, aber

es ging nicht, und in der nächsten Minute hat sich ihr Geist schon hier in ihrem Sessel wiedergefunden. Sie hat keine Schmerzen gespürt, aber sie ist so verwirrt, weil ihr Mann sie vorher nicht hörte. Sie hat zu ihm gesprochen, als er die Nachricht erhielt, aber er hat sie nicht gehört, sie weint so herzzerreißend bitterlich. Sie will ihm sagen, daß sie nicht mitgeht, daß sie bleibt, daß sie ihn aber hören und sehen kann. – Sie möchte ihm noch sagen, daß man ihr gesagt hat, sie hätte noch nicht gehen müssen, aber sie hätte die Gnade erhalten gehen zu dürfen! Sie selbst wäre aber in diesem Moment noch so sehr verwirrt! Sie hätte sich gebückt, und wäre dann irritiert gewesen.«

Was? Ich konnte damals noch nichts mit dieser Aussage anfangen, weil ich noch zu wenig wußte, aber all das sollte sich aufklären. Und Alex hat uns während der nächsten fünf Monate geholfen, dieses Rätsel zu lösen. Sowohl die Polizei als auch die Sachverständigen konnten an der Unfallstelle feststellen, daß es keine Bremsspuren gab, kein Überholmanöver und daß es kein Selbstmord war.

Er hatte entschieden, sich von seiner Frau nun doch zu verabschieden. Wenn er ihr schon in ihrer Sterbeminute nicht beistehen konnte, so wollte er jetzt Abschied nehmen und in die Gerichtsmedizin fahren und sie sehen. Bei einer Nachfrage dort erhielten wir die Antwort, wir sollten auf jeden Fall verhindern, daß er sich seine Frau ansieht, wie ihm ja auch die Polizei schon mitgeteilt hatte, das wäre zu grausam, das würde ihn sein Leben lang verfolgen. So redeten wir und redeten auf ihn ein, das doch bitte bleiben zu lassen. Das gelang uns aber erst, nachdem wir ihm klar gemacht hatten, daß seine Alex niemals gewollt hätte, daß sie im letzten Augenblick in dem er sie sieht, nicht mehr schön oder überhaupt nicht mehr wie sie selbst aussieht. Nein, das würde sie niemals wollen, und Gott sei

Dank hat er dann diese Tatsache respektiert und auch daran geglaubt.

Ich möchte den Menschen die dieses Buch nun lesen, dringend mitteilen, sie sollen jetzt nicht nur traurig sein, das wäre nicht Sinn und Zweck. Nein, sie sollen beim Lesen im Laufe der Zeit erkennen, daß Hoffnung und Freude wieder ins Leben einkehren werden auch wenn man das in so einem Moment für absolut unmöglich hält. Auch wenn wir in unserem Denken hauptsächlich egoistisch sind, so wird uns deutlich vor Augen geführt, daß dieser Mensch, den wir so liebten, nicht mehr physisch bei uns ist, und das fehlt uns natürlich. Jedoch sollten wir Menschen auch darüber nachdenken, wie sich dieser »Gestorbene« jetzt fühlt. Hört sich komisch an, ich weiß, ich dachte lange auch so. Aber heute weiß ich, es ist sehr schön an diesem Ort, an dem sie jetzt ist und das freut mich sehr. Um dieses festzustellen mußten wir aber einen langen Weg gemeinsam gehen. Zu diesem Zeitpunkt waren wir noch zu tief in unserem Entsetzen, in unserer Trauer verstrickt, machten uns Gedanken darüber, daß Stephan sie auf keinen Fall noch einmal sehen darf, aber später war das kein Thema mehr.

An diesem Tag gelang uns schließlich nur, daß er nicht darauf bestand ihren Körper zu sehen, bis die nächste Qual kam. Stephan hatte eingesehen, daß sein Wunsch sich zu verabschieden nicht ganz erfüllt werden konnte, doch er wollte wenigstens noch einmal ihre Hand halten. Er sagte: »Dann sollen sie doch ein Leichentuch über den verletzten Körper legen und gleichzeitig ihre Hand unbedeckt lassen, damit ich sie noch einmal halten kann!« Bei diesen Worten dachte ich mir bricht es jetzt gleich das Herz. »In Ordnung!« antwortete ich, stets bemüht Stärke zu zeigen, dann frage ich nach, vielleicht ist ja das möglich. In meinem Kopf dachte ich mir jedoch »Unmöglich, was würde er fühlen, wenn er diese Hand halten würde, so kalt, so leblos«. Andererseits dachte ich mir, wenn er sich aber nicht verabschieden kann, ist das auch nicht gut für ihn, dann kann er sich der Realität nie stellen, weil ihm zukünftig alles wie ein Film vorkommt. Ich wußte überhaupt nicht mehr, was ist richtig, was ist falsch. Aber die Antwort des Instituts war dann letztendlich sowieso, das geht überhaupt nicht! Wie soll er ihre Hand halten, wenn die Hand ...

Unglaublich grausam die richtigen Worte finden zu müssen um so etwas dann dem eigenen Sohn beizubringen. Aber wir Menschen können ja unendlich viel aushalten wie mir auch die nächste Zeit sehr deutlich zeigte. Hinter seinem Rücken hatten wir mit dem Leiter des Beerdigungsinstitutes gesprochen, ob es denn da keine Möglichkeiten gäbe, daß er wenigstens ein Bild von ihr bekam, welches ihm auch bildlich zeigte daß sie nicht mehr lebte, weil er es nach wie vor nicht glauben mochte. Ich wußte, daß sie schwerste Verletzungen hatte. Ich hatte aber auch schon von Photomontage gehört, und das war der Strohhalm, an den ich mich nun klammerte. Schließlich konnte man mir dann mitteilen, daß dies phototechnisch möglich wäre und daß es dann aussähe wie aus ein paar Metern Abstand photographiert und nur von einer Seite. Denn ihre rechte Körperhälfte ging auf keinen Fall, aber bei der linken Seite wäre es mit viel Tricks möglich. Als ich das Bild in Händen hielt, war das erste was ich dachte: » Das da, in diesem offenen Sarg, mit diesem scheußlichen Rüschenkleid, das nur darüber gelegt war, weil ein Anziehen nicht mehr möglich war, ist zwar weit tricktechnisch gut photographiert, aber man kann erkennen, das ist niemals unsere Alex. Das Profil mag stimmen, aber das ist wie eine leblose Puppe.

Kunststück, sie war natürlich leblos, sie war tot, tot für immer. Wie sollte eine Tote auch voller Leben wirken. Mein

Gott, hatte ich wirre Gedanken. Aber letztendlich mußte ich ihm dieses Bild dann geben, denn er wollte es so. Ich hatte furchtbare Angst gehabt, das wäre für ihn nicht zu verkraften, aber siehe da, auch mein Sohn meinte, das ist nicht meine Alex, das ist das »Kleid« das sie abgelegt hat, aber niemals sie. Für ihn war das nur wichtig gewesen um einen Abschluß finden zu können. Gott sei Dank war es dann auch noch möglich, den Ehering von seiner Frau zu erhalten.

In dieser Nacht, man kann sich kaum vorstellen, was einem da alles durch den Kopf geht, hatte ich ein so großes Gefühl der Hilflosigkeit, auch besonders wegen des Schmerzes, den meine Tochter durchlitt. Für sie war Alex wie eine große Schwester. Die beiden gingen sehr liebevoll miteinander um. Eigentlich hatte ja Alex zwei eigene Geschwister, aber leider kam hier die letzten Jahre kein Kontakt mehr zustande, obwohl Alex es immer versucht hatte. Sandra war damals gerade fünf Jahre alt, als Alex bei uns einzog, und für meine Tochter war Alex immer da. Sie fühlte sich wie die große Schwester und das tat ihr gut. Und jetzt, nicht mehr da, für unsere Sandra nicht zu verstehen. Sie litt fürchterlich und weinte ununterbrochen. Sie konnte es einfach nicht begreifen, es war wie in einem Film. »Mama, warum muß ein Mensch gehen, der wirklich niemandem etwas zuleide getan hat, wollte sie wissen. Warum jemand der so jung ist, wenn doch so viele alte Menschen noch leben, die leiden, weil sie krank sind? Warum jemand der so liebevoll ist, wo es doch auch so viele böse Menschen gibt!« Ich war selbst so verzweifelt, und konnte nur sagen was mir gerade in den Sinn kam, ob es Sinn machte oder auch nicht. Ihre Trauer wurde mit Sicherheit deshalb nicht weniger.

«Weißt Du, vielleicht hat der liebe Gott sich gedacht, daß Alex da oben bei ihm besser aufgehoben ist als in dieser

Welt. Vielleicht hat er da oben für sie wichtigere Dinge zu erledigen. Oder sie hätte hier den Rest ihres Lebens ein sehr schweres Leben gehabt, und dadurch wurden ihr schlimme Dinge erspart, vielleicht hätte sie Schmerzen gehabt oder eine Krankheit! Vielleicht hat sie das Leben hier sowieso sinnlos gefunden. Eventuell hat sie sich für dieses Leben auch nur vorgenommen, einmal die große Liebe erleben zu können und sonst nichts. Es gibt wahrscheinlich noch viel bessere Erklärungen, aber es könnte ja auch sein, daß ihr hier das Leben gar nicht so sehr gefiel und die Engel halfen ihr heimzugehen. Wir wissen es nicht, mein Schatz, aber es ist momentan für Dich und für alle natürlich sehr schwer zu verstehen. Aber ich denke, daß nichts geschieht, ohne daß es einen Sinn hat, denn der liebe Gott quält niemanden, nein er hat uns hier auf der Erde etwas mitgegeben was man den »freien Willen« nennt und dadurch kann jeder Mensch seinen Grundbedingungen nach das Beste aus seinem Leben herausholen. Wenn auf der Welt gemordet wird sind das ja auch die Menschen. Es zwingt sie niemand so zu handeln und der liebe Gott schon gleich gar nicht. Wenn Familien in Disharmonie leben, sind das auch die Menschen, da ist nicht der liebe Gott daran Schuld und wenn Menschen ungesund leben und dann krank werden ist er auch nicht Schuld. Wie könnte sich der liebe Gott bei 'zig Milliarden Menschen um jeden Einzelnen kümmern. Für so etwas hat er jedem einzelnen Menschen seinen Schutzengel gesandt und der darf aber nicht eingreifen, wenn der Tag des »Gehens« gekommen ist und dieser Tag steht am Tag Deiner Geburt bereits fest. Weißt Du, man muß hier auch niemanden finden der schuldig ist, das würde das Ganze auch nicht rückgängig machen. Wichtig ist doch zu wissen, daß sie nicht leiden mußte, und das mußte sie definitiv nicht. Sie hat es, so sagt die Polizei gar nicht mitbekommen, weil es zu schnell ging.« und ich fügte noch hinzu: »Weißt Du was auch noch sehr wichtig ist zu wissen:

Es gibt Menschen, die leben ein ganzes, langes Leben lang und erfahren nie, wie es ist zu lieben, oder geliebt zu werden. Alex hatte nur ein sehr kurzes Leben, aber sie hat erfahren, bedingungslos geliebt zu werden. Und das ist ein sehr schöner Gedanke. Sie hatte in ihrem kurzen Leben etwas, was manche Menschen ein ganzes Leben lang suchen, aber nie finden. Die bedingungslose Liebe!«

Leider hatte ich in diesen Stunden für meine Tochter keine besseren Erklärungen bereit, und das quälte mich noch mehr. So weinten wir die ganze Nacht, und ich hoffte, daß der Morgen doch bitte schnell kommen möge. Irgendwann war ich hundemüde und dann doch eingeschlafen in der Hoffnung, ich würde am nächsten Morgen aufwachen und bemerken, dies wäre nur ein fürchterlicher Traum gewesen.

*18. Februar 2007*

Jedoch, Sonntag früh, ich wache auf, spüre, als würde mir jemand in den Unterbauch stechen. **Ein Blick zur Uhr: 06.40 Uhr.** Das gibt's doch nicht. Den ganzen gestrigen restlichen Tag keine Schmerzen mehr, als ich ins Bett ging, keine Schmerzen, und jetzt fast das gleiche wie gestern, nur ohne Blut. Ich renne im Fünf-Minuten-Takt auf die Toilette und krümme mich vor lauter Schmerzen. Warum das Ganze? Was macht das für einen Sinn. Gegen acht Uhr hörten die Schmerzen auf, einfach so.

Heute stand mir vielerlei bevor, zum einen, meinem Sohn das gestern Gehörte beizubringen, daß Alex noch hier wäre, und zum anderen ins Beerdigungsinstitut, den Sarg sowie die Kleidung auszusuchen. Die ganze Zeit hatte ich überlegt, soll ich es ihm überhaupt sagen, wenn ja, wie. Wie finde ich die richtigen, einfühlsamen Worte für so eine Situation. Dann die Verpflichtung, einen »schönen« Sarg auszusuchen, als ob es auch nur einen einzigen Sarg gäbe, der schön ist. Für mich heißt »Sarg«, eingesperrt sein, keine Luft kriegen, Kälte, Platzangst. All diese schrecklichen Gefühle kamen in diesen Räumen in mir hoch, mir wurde schlecht, ich hatte das Gefühl ich muß mich sofort hinsetzen, sonst verlier ich den Boden unter meinen Füßen. Für die Sterbebildchen hatte ich mir einen Text ausgesucht von dem ich dachte, der könnte Alex auch gefallen, dem würde sie zustimmen:

*»Denk dir ein Bild – weites Meer – ein Segelschiff setzt seine weißen Segel – und gleitet hinaus in die See – du siehst, wie es kleiner und kleiner wird – wo Wasser und Himmel sich treffen, verschwindet es – da sagt jemand: »Nun ist es gegangen « aber ein anderer sagt: »Es kommt«. – der Tod ist ein Horizont – und ein Horizont ist nichts anderes als die Grenze unseres Sehens. Wenn wir um einen Menschen trauern, freuen sich andere, die ihn hinter dieser Grenze wiedersehen.«*

Als Gerlinde, die Chefin des Institutes, mir dann mitteilte, daß gewöhnlicherweise als musikalische Untermalung für die Trauerfreier in der Aussegnungshalle »Time to say goodbye« vorgesehen sei, schnürte es mir direkt den Magen zu. Mir fuhr nur durch den Kopf, auf dieser Beerdigung werden sehr viele junge Menschen sein, und wenn die dann aufgrund dieses sowieso immens traurigen Anlasses auch noch dieses Lied hören, zieht es diese vielen Leute noch mehr in den Keller. Bei diesem Lied bin ich schon traurig ohne traurigen Anlaß. Nein, das geht gar nicht.

Ich fuhr also mit meinem Mann und meiner Tochter zu meiner Schwester, bei der sich Stephan mittlerweile aufhielt.

Meine Schwester hatte ja die Nacht bei ihm verbracht und ihn dann zu ihrer Familie, zum Frühstücken mitgenommen. Ich hatte ihm ja eine wichtige, ja sogar sehr wichtige Botschaft zu überbringen, und wir mußten auch noch ein Lied für Alex finden. Mir war es ein großes Bedürfnis, ein Lied zu finden, das für »Alex« stand, ein Lieblingslied oder ein Lied, das einfach ihre Person näherbrachte. So suchte ich dann also an diesem Vormittag eine Gelegenheit, daß mein Sohn aus dem Haus meiner Schwester mit mir nach draußen ging. So unendlich viele Gedanken gingen mir durch den Kopf: »Wie bring ich ihm das jetzt bei, was Frau Sylvia T. gesagt hat, daß Alex will daß er zu ihr spricht? Wie kann ich ihn jetzt trösten, bricht er mir zusammen wenn ich ihm das jetzt sage? Bin ich zu grausam, verlange ich zu viel von ihm, wenn ich ihm das jetzt zumute? Kann ich verantworten ihm so etwas in so einer schweren Stunde zu sagen?« Mein Gefühl, mein Bauch, mein Gewissen gaben mir das Gefühl, ich müsse das tun.

Aber er wäre nicht mein Sohn, wenn er nicht so wäre, wie er ist. Ich hab' ihm genau die Worte von Alex übermittelt, daß er mit ihr sprechen soll, sie wäre da, daß sie nicht mitgegangen wäre (anscheinend mit ihren Engeln oder ins Licht) und daß sie **die Gnade erhalten hätte, gehen zu dürfen,** daß sie zu Hause auf ihrem Stuhl auf ihn warten würde und möchte daß er zu ihr spricht und all die anderen Dinge, die mir Frau T. am Tag zuvor am Telefon erzählt hatte. Er sah mich mit großen Augen an, sagte erst einmal gar nichts, schwieg eine Weile, und dann schüttelte es ihn, und Tränen überströmten sein Gesicht. Als ich ihm das alles gesagt hatte, brach er mir fast zusammen. Hätte ich ihm diesen Schmerz, dieses Leiden doch abnehmen können. Er rauchte seine Zigarette noch zu Ende und sagte, mittlerweile wieder ganz ruhig und überlegt: »Fahr mich bitte gleich nach Hause.« Er wollte seiner Alex zeigen, daß er weiß, daß sie noch da ist. So unglaublich viel Stärke von einem jungen

Mann, der gerade seine Frau auf tragische Art und Weise verloren hatte.

So ließ er sich also an diesem Tag von uns nach Hause fahren, ging in seine Wohnung, sein bester Freund Bernd war auch wieder bei ihm, ging ins Büro, auf den Sessel zu, stellte ein Bild von seiner Alex auf die Sitzfläche und je links und rechts eine Kerze. Dieser Stuhl sollte nunmehr so lange »ihr« Stuhl sein, bis sie freiwillig gehen wollte.

Beim Betreten der Wohnung war sofort eine große Schwere zu spüren, die Luft zum Schneiden, am liebsten hätte ich mich gleich rückwärts zur Tür wieder rausgeschlichen. Man sagt manchmal so lapidar: Da hängt was in der Luft. Genau dieses Gefühl hatte ich hier. Hier roch es fürchterlich nach Rauch, aber das störte mich nicht so sehr wie der Druck, den ich förmlich auf meinen Schultern sich aufbauen spürte. Schwere Trauer, schweres Leid hing hier in der Luft. Unendliche Traurigkeit überfiel mich, wenn ich in das verweinte Gesicht, die traurigen, verzweifelten Augen meines Sohnes sah. Noch nie in meinem Leben hatte ich mich so hilflos gefühlt. Als ich ihn fragte, wie es ihm gehe (was für eine blöde Frage) meinte er:»Passt schon!« Er hatte binnen kurzer Zeit eine Mauer aufgebaut und ich kenne ihn ja, niemand sollte sehen, wie es hinter dieser Mauer aussah, niemand sollte mehr sehen, wie er litt … und Alex hat, das werden Sie im Laufe dieses Buch erkennen dazu beigetragen, ein Puzzle zu lösen, und ihrem Mann geholfen, weiterzuleben, die Trauer zu besiegen. Sie hat gezeigt und gelehrt, daß es sich auch nach so großem Schmerz lohnt, weiterzuleben, nach vorne zu schaun und nicht zurück und seinen Weg zu Ende zu gehen.

An diesem Tag hatte ich beschlossen, auch die Nacht bei ihm zu verbringen, damit er nicht alleine war. Ich war wie besessen von der Angst, er würde sich still und heimlich nunmehr auch aus dieser Welt verabschieden. Ich wußte nicht, wie ich es schaffen sollte, hier in diesen Räumen, in denen einen Tag vorher noch Alex ihre letzten Stunden verbrachte, zu schlafen. Irgendwie hatte ich auch eine gewisse Furcht, keine Ahnung wovor, denn normalerweise fürchte ich mich selten. Wir setzten uns ins Büro. Bei Steph und Alex war das immer der Hauptaufenthaltsraum gewesen, und nun sollte es der Raum sein, in dem Alex nach wie vor auf ihrem Sessel verweilte. Ein eigenartiges Gefühl, irgendwie schön der Gedanke, daß sie noch hier war und uns reden hörte, irgendwie aber auch sehr traurig und doch unheimlich. Während ich da so saß, mir eine Zigarette anzündete, fiel mein Blick auf den Boden, neben dem Lesestuhl. Da lag aufgeschlagen, so daß man es sehen konnte, einige Seiten waren gelesen worden, ein Buch. Dieses Buch, wie es da so lag, faszinierte mich in dem Moment deshalb so, da ich, beziehungsweise meine Tochter Sandra, es Alex letzte Woche gegeben hatte. Vor circa zwei Wochen war es mir von jemandem empfohlen worden. Erst hatte ich es gelesen, dann gleich darauf meine Sandra. Dieses Buch handelte, mir lief es kalt den Rücken herunter als ich das las, vom »Todesengel, vom schwarzen Mann«. Natürlich war das Buch von uns. Natürlich hatten wir es ihr gegeben. Nur wollten wir nicht, daß es das letzte Buch sein sollte, in dem sie je lesen wird und dann auch noch über das Thema Sterben. Dem Leser dieses Buches sollte auf lockere, keinesfalls schwere Weise gezeigt werden, daß der Tod nichts Schreckliches, kein Monster ist, sondern daß man beim Hinübergehen auch schon begleitet wird und was danach kommt und daß keiner ihm, wenn der Zeitpunkt gekommen ist, entfliehen kann. Die Thematik des Todes wurde durch diese Zeilen entdramatisiert und sollte eigentlich die Angst davor nehmen. Da unsere Alex ja im Altenheim jetzt mit diesem leidvollen Thema zu tun hatte und nicht richtig damit umzugehen wußte, hatte Sandra zu ihr gesagt, sie solle das Lesen, das würde ihr helfen, wenn wieder Patienten sterben, zu denen sie guten Kontakt hatte, denn das tat ihr jedesmal aufs neue weh. Gerne hatte sie es angenommen, und wie man sehen konnte, auch gleich damit angefangen zu lesen. Nur konnten wir nicht wissen, daß das Buch »vom schwarzen Mann, vom Fährmann« ihr letztes Buch werden sollte, das sie lesen konnte, und daß ihr beim Lesen damit selbst geholfen werden würde! Auch diesen Umstand empfand ich als sehr makaber.

Im Laufe des Abends, das wußte ich, mußte ich das Thema, so schwer es mir fiel, auf die Trauerfeier und die Beisetzung bringen, nur wie sollte ich dieses Thema jetzt anschneiden? Es war sehr hart, darüber zu sprechen. So sagte ich meinem Sohn dann irgendwann, daß wir unbedingt das Trauerlied für die Beerdigung ändern müßten, da wir, das wußte ich einfach, ein Lied von und für Alex verwenden sollten, ein Lied, durch das sich jeder, der auf dieser Beisetzung war, auch Jahre später noch an sie erinnern würde. Irgendwie spürte ich und sagte das auch, ich wußte, daß das wichtig ist.

Auf die Frage, ob er und Alex denn ein gemeinsames Lied gehabt hätten, sozusagen ein Lied der Liebe, verneinte er. Ich fragte, was sie denn derzeit für ein Lieblingslied gehabt hätte, und auch hierzu mußte er verneinen, da ihr Geschmack sehr verschieden gewesen wäre, und gerade in letzter Zeit hätte sie immer so Rocklieder gehört. So rätselten wir also und rätselten, auch Bernd, der auch ihr ein sehr guter Freund war, konnte hier nicht weiterhelfen. Ich weiß nicht, warum, aber es schoß plötzlich aus mir heraus: »Frag sie doch, sie sitzt doch immer noch hier in diesem Stuhl, das haben wir doch erfahren, und du spürst es ja auch die ganze Zeit.« Ich hatte diesen Satz gerade zu Ende gesprochen,

Stephan sprang aus seinem Stuhl hoch, schaltete den Computer ein, auf dem sie alle ihre Lieder hatten, klickte nach kurzer Suche zielstrebig auf ein Lied und spielte es ab. Bernd und ich sahen uns nur ungläubig an. Das Lied begann und man kann nicht in Worte fassen, was wir drei in diesem Moment erlebten. Man muß so etwas selbst erleben, und Bernd der ein sehr großer Realist ist, sagte nachher, er würde das nie in seinem Leben vergessen, und das würde ihm bestimmt kein Mensch glauben. So etwas könne man nicht nachvollziehbar wiedergeben.

In diesem Moment also, er spielte wie auf Kommando Nelly Furtado ab, All Good Things, erhellte sich der Raum auf eine nicht beschreibbare Art und Weise, als ob jemand einen Dimmer hochgedreht hätte, wir hatten einfach das Gefühl, als würde es unglaublich hell werden, obwohl vorher schon eine Neonlampe gebrannt hatte und obwohl das natürlich schwer zu erklären ist. Gleichzeitig wurde der Raum, den wir eben noch als relativ kalt empfunden hatten, warm und wärmer, obwohl zwei Fenster offen waren, und es war schließlich Februar. Es war eine als heilig empfundene und doch unheimliche Atmosphäre, so heilig, daß uns dies trotz der Hitze die plötzlich den Raum erfüllte, alle Haare zu Berge stehen ließ. Die Stimmung in diesem Raum war für alle drei so als würde es uns zerreißen, wir weinten, daß es uns nur so schüttelte. Als der Song vorbei war, fragte jeder den anderen: »Hast du das auch gespürt? Wahnsinn!« Wir wußten mit diesem Lied hatte es etwas auf sich. Nachdem wir uns allmählich wieder beruhigt hatten, meinte Steph: »O.k. durch diese Aufregung ist mir das vorher nicht eingefallen, aber das hat sie in letzter Zeit oft gehört.« Nun eigentlich nichts Besonderes, da dieses Musikstück ja zu dieser Zeit doch ziemlich »in« war. Aber wir sollten hier noch eine Menge zu lernen haben.

So wußten wir instinktiv, wir brauchen die genaue Übersetzung dieses Liedes, da man einige Passagen doch sehr schlecht verstand. Und folgende Textpassagen ließen uns sehr nachdenklich werden: Warum gehen alle guten Dinge zu Ende? So der Titel, und es handelt von jemandem der sich immer und immer wieder fragt, ob er gehen oder bleiben soll, und immer wieder die Passage: Flammen zu Staub, warum gehen alle guten Dinge zu Ende. Der ganze Text ist ein Sehnsuchtslied des Todes. Mir war das nie bewußt wenn ich dieses Lied ab und zu im Radio hörte. Gewisse Passagen wie:»Ich mag die Realität nicht, das Leben ist mir viel zu schwer, reisend halte ich an Ausfahrten an und frage mich ob ich noch bleiben sollte, wundere mich, warum ich Gott frage, ob ich noch bleiben sollte ... so daß sie sterben könnte.«

Als wir diese Übersetzung in der Hand hielten, sahen wir uns an und wussten, daß sie wollte, daß wir das lesen, es sollte eine Botschaft an uns sein. Plötzlich stand Stephan auf, reckte sich, streckte sich und sagte: Mam, seit gestern hab ich mich gefühlt als wäre ich in einem Panzer eingesperrt, jetzt krieg ich wieder Luft, der starke Druck auf den Schultern, er ist weg. Dann ging er wortlos zum Lesesessel von Alex, nahm die Kerzen weg, auch ihr Bild und stellte alles auf die Fensterbank. Als wir ihn fragend ansahen, sagte er: « Ich weiß, jetzt sitzt sie nicht mehr dort. Ein Teil von ihr ist jetzt gegangen.« Ein Schaudern jagte uns wieder über den Körper. Alex wollte uns mit diesem Lied etwas sagen. Hatte sie sich selbst etwa mit diesem Lied identifiziert?

Das eben Geschehene hatte zur Folge, daß Stephan, der nie mit mir oder mit einem anderen Familienmitglied, außer mit Bernd, über seine Beziehung mit Alex gesprochen hatte oder sich beklagt hatte oder dergleichen, plötzlich anfing zu reden.

Er erzählte, was Bernd auch bestätigte, daß, seit einem halben Jahr ungefähr, er nicht mehr wußte, was er noch alles anstellen sollte, um seine Frau zufriedenzustellen. Er wußte nicht mehr, was er noch machen sollte, um sie rundherum glücklich zu machen. Alex, mit der er viele Jahre sehr glücklich gewesen war, war mit dem Leben in letzter Zeit an sich nicht glücklich. Nicht, daß sie das so direkt gesagt hätte. Owohl sie immer wieder vermittelte, an diesem neuen Arbeitsplatz sehr glücklich zu sein, so liebte sie diese Arbeit an einem Tag, und den anderen wieder nicht. Einen Tag wollte sie auswandern und für immer »weg von hier«, den anderen Tag eine größere Familie haben und Kinder. Oder plötzlich dann wieder nur aus dieser Wohnung auszuziehen. Den anderen Tag wieder beruflich ganz was anderes machen und dann im nächsten Moment doch am liebsten gleich ein Kind. Hinzu kam, daß sie zugenommen hatte und nicht zugab, sich so nicht zu mögen, aber die Tatsache, daß sie sich im Spiegel nicht mehr ansehen mochte, sprach für sich.

Es lag auch nicht daran, daß sie Stephan nicht mehr gefallen hätte. Nein, überhaupt nicht. Er nahm sie so, wie sie war, und er liebte sie so, wie sie war. So hatte sie auch sehr oft vor nunmehr endlich Sport zu treiben, sie wollte Rad fahren oder Rollerbladen, aber wenn Bernd ihr anbot, wenn Steph nicht da war, mit ihr etwas zu unternehmen, dann hatte sie das im nächsten Moment wieder verworfen. Den einen Tag wollte sie unbedingt, daß am nächsten Tag miteinander gesportelt wird, am nächsten Tag hatte sie dazu keine Lust, konnte sich nicht aufraffen. Kurzum, sie wußte überhaupt nicht mehr, was sie eigentlich wirklich wollte. Vielleicht war sie einfach zu sensibel und nahm alles zu schwer. Als Stephan sie mit ihren 16 Jahren kennenlernte, hatte sie bereits Bulimie, was schon auf seelische Wunden schließen ließ. Nur damals hatte mein Sohn sie sehr unterstützt und nach langen Gesprächen hatte sie es besiegt.

Seit Stephan in Mittenwald war, fielen ihr die Wochen von Montag bis Freitag zunehmend schwerer, da Stephan ja immer erst Freitag Nachmittags nach Hause kam. Alex war aber total fixiert auf Stephan und konnte mit sich selbst wenig anfangen. Da fällt mir wieder ein, wenn die beiden unterwegs waren, waren sie immer zu zweit, egal ob beim Einkaufen, bei der Familie, bei Freunden, beim Tierarzt, einfach überall. Keiner unternahm ohne den anderen etwas. Wir hatten innerhalb der Familie oft darüber gesprochen, wenn die Ehe der beiden zerbrechen würde, würde Alex keinen einzigen Tag mehr leben. Das wußten wir. Er war ihr ein und alles. Da sie ein totaler Familienmensch war, hat sicherlich auch dazu beigetragen, daß sie noch nie eine richtige Familie hatte. Wir waren ihre Familie. So sagte sie selbst es immer. Zur eigenen Familie gab es keinen Kontakt und das tat ihr sehr weh, man konnte dies auch immer wieder in Gesprächen und bei Bemerkungen heraushören. Hinzu kam, daß Alex durch Stephans Abwesenheit, während sie die Woche über alleine war, die ganze freie Zeit schlief, sich in Träume verkroch, und alles, was zu erledigen war, war zu beschwerlich. Sie verkroch sich mehr und mehr in Tagträume (wie im Lied) und wollte die Realität nicht sehen. So hatte sie in letzter Zeit oft, wenn meine Sandra wieder mal bei ihr angerufen und gefragt hatte, ob sie denn zu ihr auf Besuch kommen dürfe, verneint, da sie keine Zeit hätte und müde wäre.

Auf der anderen Seite wiederum sah man sie aber immer nur lachend. Alex konnte über alles lachen. Aber hinter der Fassade sah es eben ganz anders aus. So redeten und redeten wir an diesem Tag bis spät in die Nacht hinein, und irgendwie sah ich sie jetzt mit anderen Augen. Hätte ich als Schwiegermutter mir vielleicht mehr Mühe geben sollen, hinter diese Mauer zu sehen. Hätte ich erkennen sollen, daß Wehmut sie quälte, welche auch immer. Nur hatte ich diesen bestimmten Draht meiner damaligen Meinung nach nicht. Als Alex zu uns ins Haus kam, war sie knapp siebzehn und ich gerade mal 37 Jahre alt, und dadurch verkörperte ich den gängigen Schwiegermuttertyp eigentlich nicht. Ein wenig Eifersucht war sicherlich auch im Spiel, was auch irgendwie normal ist, und so gab es, denke ich, deshalb keine tiefer gehenden Gespräche über das Seelenleben von Alex. Gut, wir konnten uns über Gott und die Welt unterhalten, allerdings nie über ihre Gefühle, außer über ihre Beziehung zu ihren Eltern, die ja seit dem Teenageralter sehr schlecht war. Bei diesem Thema war sie immer sehr gesprächig. Ihr leiblicher Vater hatte beispielsweise einmal gesagt, wenn er sie auf der Straße sehen würde, würde er sie über den Haufen fahren, dann brauchte er keinen Unterhalt mehr zu zahlen.

So etwas hatte sie erfahren, als sie noch ein Teenager war. Wie mochte so etwas in einem jungen Menschen nagen? Aus vielerlei Gründen nannte sie ihre leiblichen Eltern auch nur noch ihre »Erzeuger«. Damit war aber nicht ihr Stiefvater gemeint, der war dafür, daß sie nicht seine eigene Tochter war, ganz gut zu ihr. Wegen des zerrütteten Verhältnisses zu ihrer Mutter war sie damals mit nicht einmal siebzehn Jahren bei uns eingezogen. Damals war sie seelisch ein Häufchen Elend. Viel zu sensibel für diese Welt und in sich leidend. Nur das änderte sich im Laufe der Monate und Jahre gewaltig. Später konnte sie sogar manchmal stur und ein richtiger Trotzkopf sein, und sie hatte doch relativ viel an Selbstbewußtsein gewonnen. Dachten wir zumindest.

Aber heute denke ich darüber nach, ob denn das alles anders ausgegangen wäre, wenn hier mehr über ihr Seelenleben gesprochen worden wäre. Ich weiß es nicht, und ich werde es wohl auch nie erfahren. Es sei denn, sie sagt es mir irgendwann, wie die anderen Dinge, die sie mir zu einem späteren Zeitpunkt sagte. Allerdings wenn sie über ihr Seelenleben hätte sprechen wollen, hätte sie ja mit meiner Mutter, also ihrer Schwiegeromi, sprechen können. Die war ihr wie eine Vertraute. Nur, auch mit ihr hat sie nicht über ihr Innerstes gesprochen. Alex hatte außer Stephan niemanden ganz an sich herangelassen und nicht einmal ihn ganz und gar. In jungen Jahren war sie schon zu oft enttäuscht worden, und das ließ ein Vertrauen in die Menschen nicht mehr zu. Stephan hatte jedoch diesen ganz bestimmten Draht und konnte sehr genau fühlen, auch wenn sie noch so versuchte, es zu verbergen, wenn es ihr wieder einmal seelisch nicht gutging.

Das Ganze hört sich jetzt an, ich weiß, als ob Alex bewußt lebensmüde gewesen wäre und Selbstmord begangen hätte. Nein, hat sie nicht, definitiv, und es ist mir auch sehr wichtig, daß jeder das weiß. Doch die Aussage der Polizei und des Sachverständigen konnte dies eindeutig beweisen. Kein Mensch, wenn er nicht Stuntman ist, hätte es mit Absicht geschafft, ohne zu bremsen, nur durch ein Lenkmanöver, dieses Auto auf der Gegenseite auf diese Art um einen Baum zu wickeln. Ein Selbstmörder fährt immer direkt auf einen Baum zu. Das hat sie nicht getan. Hier muß aber auf kerzengerader Straße, ohne zu bremsen, das Lenkrad komplett nach links gerissen worden sein, daß das Fahrzeug dann mit circa 80–100 Stundenkilometer plötzlich ein »U« fährt, und die Fliehkraft mitsamt der Geschwindigkeit ließ das Fahrzeug dann von der Straße abheben und mit der A-Säule genau an einen Baum prellen, der unterhalb der gegenüberliegenden Straßenseite stand. An der Stelle, an der sie saß, befand sich später genau besagter Baum. Deshalb diese schwersten Verletzungen. Jemand, der Selbstmord begehen will, verhält sich niemals so und kann sich auch gar nicht ausrechnen, daß das Fahrzeug sich so verhalten wird. Aber genau in dieser Situation fällt mir ein, was dieses Schutzengelmedium einen Tag vorher zu mir gesagt hat. Sie hätte sich gebückt und wäre dann erschrokken. Das spräche für diese Lenkbewegung. Vielleicht hat sie sich nach ihrer Tasche, nach dem Handy oder so gebückt und sich dann am Lenkrad hochgezogen, was natürlich nur ein Führerscheinneuling macht, aber sie hatte ja den Führerschein gerade mal erst ein Jahr. Eine Theorie, Spekulation, ich weiß es nicht.

Warum aber dann die Hinweise in diesem Lied? Es ließ mir keine Ruhe mehr. War das Zufall? Mehr dazu konnten wir ein paar Tage später erfahren.

Im Laufe dieses Abends kam unsere Gesprächsrunde auch noch auf zwei Abende vor dem Unfall, und Bernd und Steph erzählten, daß Freunde dagewesen wären und zufällig kam das Gespräch auf die schwere Krankheit und den bevorstehenden Tod der Mutter eines Bekannten, beziehungsweise auch auf deren momentane pflegebedürftigkeit. Somit wäre dann eine Diskussion entstanden, wie jeder wohl gerne sterben würde, wenn der Zeitpunkt des Abtretens käme, und die Meinung von Alex war hier ganz eindeutig. Sie meinte, wenn der Zeitpunkt gekommen wäre, daß sie sterben müßte, dann wolle sie einen Sekundentod. Sie wollte niemals in die Lage kommen, gepflegt werden zu müssen oder irgendwie behindert zu sein. Makabrerweise hatte sie diesen Sekundentod nicht einmal zwei Tage später.

Irgendwann in dieser Nacht gingen wir dann zu Bett, und mir war ganz furchtbar zumute, zu wissen, jetzt, wenn Stephan ins Bett geht, wird ihm sehr schmerzhaft vor Augen geführt, Alex kommt nicht mehr, nie mehr. Das Bett ist leer, und er wird nie wieder ihren Körper fühlen, wird sie nie wieder in den Arm kuscheln können, wird sie nie wieder riechen können, ihr nie wieder in die Augen sehen können, nie wieder ihr Lachen hören, nie wieder ihre Stimme hören, nie wieder von ihr Sätze der Liebe hören, nie wieder nächtelang diskutieren oder auch nur über Gott und die Welt reden können. Ich kann nicht sagen, ich konnte mir das vorstellen, wie er sich fühlte, nein, konnte ich nicht, vielleicht erahnen. Aber es muß grausam gewesen sein.

### 19. Februar 2007

Es ist stockfinster im Raum, ich wache auf, weil mich Schmerzen plagen. Taste mich aus dem Zimmer, mache Licht, gehe auf die Toilette und sehe auf die Uhr: 06.41 Uhr. Das kann doch nicht wahr sein. Was war hier los? Irgend etwas geht hier nicht mit rechten Dingen zu. Während ich die Toilette benutze, bemerke ich, daß ich mich ständig entschuldige. »Entschuldige Alex, daß ich jetzt deine Toilette benutze. Entschuldige Alex, daß ich jetzt deine Haarbürste benutze, an der sich noch Haare von dir befinden.« Ich fühlte mich furchtbar, wie ein Eindringling, und konnte mir nicht erklären warum. Ich fühlte mich beobachtet, und wußte nicht, warum. Wahrscheinlich, weil es ganz einfach *ihr* Zuhause war. Schließlich lebte, liebte und lachte sie hier die letzten beiden Jahre. Die Schmerzen ließen wieder gegen acht Uhr nach. Unerklärlicherweise.

An diesem Morgen war ein Besuch beim Pfarrer angesagt, die Trauerfeier mußte durchgesprochen werden. So fuhren wir, Stephan, Sandra und ich, gemeinsam im Auto von Alex. Ein komisches Gefühl. Das erste Mal seit ihrem Weggehen. Auf dem Weg dorthin war das Radio an, und wir hörten die CD, die immer noch von Alex eingelegt war, und die Alex in letzter Zeit laut Steph immer und immer wieder gehört hatte. Irgendwann sahen wir uns an, denn es handelte sich um Rockmusik, allerdings ließen uns die Texte in diesem Moment erst nachdenklich werden und dann erschaudern. Ich fragte ihn, was das denn für Musik sei, und er meinte, diese CD hätte Alex sich vor kurzer Zeit gebrannt, und er hätte sie dann aufgrund der rockigen Art dieser Musik gefragt ob ihr denn das gefallen würde, und sie antwortete ihm damals: »Ich weiß auch nicht warum ich mir diese Lieder gebrannt hab, eigentlich gefallen die mir gar nicht.« So hörten wir also und begannen zu übersetzen, und bekamen auf 17 Liedern Texte zu hören, die allesamt, ohne Ausnahme von Engeln und einem Weiterleben nach dem Tod handeln, sowie von einer Sehnsucht nach dem Sterben.

Da waren Passagen zu hören wie

- »Ich kann die Uhr schon hören, eine Sekunde die naht wird entscheiden werde ich gewinnen oder verrückt werden!«

- »Die Stimmen die ich höre sind mir unbekannt, der Herr führt miche, ich habe keine Furcht, vertreibe alle Ängste die mich begleiteten!«

- »Manchmal wundere ich mich, daß ich noch hier bin, nimm mir den Schmerz bevor ich es nicht mehr aushalte!«

- Zu irgend einem Zeitpunkt wirst du wieder vor mir stehn, dann lächelst du mich an und ich werde dich begleiten.

- die rechte Minute, der rechte Platz, Dinge passieren in diesem aufregendem Leben

- in einem kurzen Moment deines Lebens kannst Du frei sein, und so behalte mich in deinem Herzen

– *diese eine Sekunde in meinem Leben geht schnell vorbei*

– *»Gott lass mich wissen, werde ich weiterleben oder gehen, aber wenn ich sterbe, dann möchte ich mit einem Lächeln in meinem Gesicht scheiden.«*

– *Als Engel werde ich dann um dich Schweben*

– *»Kleine Schwester trockne deine Augen, erinnere dich einfach nur liebevoll an mich« ( worauf meine Tochter sofort in Tränen ausbrach)*

– *Auf schöne Art leben, ohne Anstrengungen, ich will weggehen, bevor meine Träume sterben und der Schmerz einsetzt, so daß ich nicht mehr weinen kann.*

– *Ich verstecke mich vor der Wahrheit, aber du wirst dein Leben noch ohne mich leben,*

– *Ich hab die Tür schon hinter mir schon geschlossen, geh' du nicht wegen mir kaputt, leb dein Leben, Du hast deine Aufgaben noch nicht erfüllt!*

– *Ich wünschte ich hätte jemanden an meiner Seite, ich bereite mich darauf vor es zuzulassen, wenn ich gehen muß.*

– *Ich gehe von euch, so schrecklich, schnell und grausam.Ich wünschte ich hätte einen Schutzengel an meiner Seite.*

– *Mein Sterben ist für dich, meine Liebe wird weiter in dir sein, aber eine Stimmee aus der Tiefe kam in mir hoch und sang laut meinen Namen.*

– *Aber wir werden wiedergeboren werden, und auf den schultern eines Engels werde ich singen,*

— *Bringt mich endlich zu Gott oder lasst mich auf Erden,nehmt mich mit oder heilt mich,*

— *Aber ich werde mit meinen Engeln schlafen und diese Zeilen sind noch eine Chance meinen gesuchten Lebensplan zu finden,*

— *Ich liebe jeden einzelnen Tag, aber so oft fühl ich mich ...*

— *Ich hoffe ich finde ein wenig Frieden in meiner Seele, in meiner Phantasie bin ich nicht so weit weg von »Zuhause«, was mache ich in einem Leben so weit weg von »Zuhause«, die ganze Zeit immer weg von »Daheim«, und wenn Du nicht bei mir bist bin auch wieder weg von »Zuhause«, was sind wir, wo ist das »Zuhause«, in der Galaxy, bei den Sternen, ich trockne mein tränenerfülltes Gesicht ...*

Normalerweise sind auf gesammelten Werken immer verschiedene Stücke zu hören, über große Liebe, über zerbrochene Liebe, übers Fremdgehen und was weiß ich alles, einfach über verschiedene Themenbereiche halt, aber hier nur Songtexte über das Sterbethema.

So könnte ich jetzt noch viel mehr Beispiele nennen, aber ich denke, jeder weiß bereits jetzt, was ich meine. Bewußt hat sie, laut eigener Aussage diese Lieder nicht ausgesucht, denn sie gefielen ihr nicht einmal, aber anscheinend unbewußt, nur so konnte ich mir bereits zum damaligen Zeitpunkt das Ganze erklären, und es paßte haargenau zu dieser inneren Zerrissenheit. Aber konnte Alex erahnen, kam mir damals immer wieder in den Sinn, daß sie in Kürze sterben würde? Ich sprach das Thema bei Stephan auch an, und er meinte, das würde auch die komischen Dinge erklären, die sie in letzter Zeit gesagt oder getan hat. So hätte sie in der letzten Woche zu ihm gesagt:»Lass uns doch noch einmal zu Renate fahren.« Und Steph meinte: »Wieso sagst du **noch einmal**?«, worauf Alex antwortete: »Das weiß ich jetzt auch nicht!« So hat sie an Weihnachten meiner Mutter (für sie war das die Omi) einen sehr liebevollen Brief geschrieben, indem sie sich für die letzten acht Jahre bedankt hat, so als würde sie sich verabschieden:

*»Hallo, liebe Oma, ich wollte mich bei Dir bedanken, es ist zwar traurig, daß Du eine bessere Oma für mich bist als meine eigene Oma, aber ich bin so froh, daß ich Dich hab'. Ich kenne Dich zwar erst seit acht Jahren, aber diese Zeit hat schon gereicht, daß Du ein wichtiger Bestandteil meines Lebens geworden bist und immer bleiben wirst. Ich werde immer zu Dir halten, egal was kommt, da ich Dich als Mensch und Schwiegeroma sehr schätze und liebe. Vielen Dank, daß Du immer für mich da warst, egal was war.*
*Deine Alexandra«.*

Diesem Brief lag ein langes Gedicht dabei das wiederum auf diese Situation passte und bei dem ich auch nicht weiß, woher Alex das hatte.

*Freu Dich über jede Stunde, die Du lebst auf dieser Welt ... freue Dich an jedem Morgen, daß ein neuer Tag beginnt ... Freue Dich an jedem Abend, daß Du ein Zuhause hast ...*

Jetzt, wenn ich diese Zeilen lese, schüttelt es mich direkt. Im nachhinein liest man so etwas ganz anders, viel nachdenklicher und tiefgründiger.

So war ihr zu diesem Zeitpunkt, Ende des Jahres, sehr wichtig, daß meine Mutter ein Bild geschenkt bekam, auf dem alle ihrer neun Enkel waren. Nur eigentlich war ja Steph der Enkel. Sie sah sich aber wie ihr Enkelkind, und das war auch schön so, denn sie selbst hatte niemanden. So drängte sie immer und immer wieder die anderen Enkel, daß nunmehr endlich ein Termin beim Photographen stattfand, und auf diesem Bild wollte sie unbedingt mit abgebildet sein. Hier hatte sie richtig die Initiative ergriffen, was eigentlich sonst gar nicht ihre Art war. Es war das letzte Bild, auf dem alle abgebildet waren. So wollten beispielsweise alle in dieser Woche Essen gehen, aber am liebsten am Samstag, weil da mehr Zeit sei, aber Alex bestand auf dem Donnerstag (klar, am Samstag wäre sie ja nicht mehr dabei gewesen). So riefen Steph und Alex am Freitag (dem Tag davor) auch bei uns am Handy an, sie wollten uns besuchen kommen, aber wir hatten leider keine Zeit, waren bereits auf dem Weg zum Bodensee.

Das würde beispielsweise auch irgendwie erklären, was Alex uns immer erzählt hatte. Sie arbeitete doch zuletzt in einem Altenheim, und da hatte sie immer wieder erlebt, daß sich alte Leute von ihr anders verabschiedet hatten als sonst, und es kam öfter vor, daß diese Leute dann gestorben waren, bis sie wiederkam, als hätten sie es vorausgeahnt. Hatte sie bereits zu diesem Zeitpunkt in ihrem Unterbewußtsein diese Vorahnung, daß sie nicht mehr lange hier war? Man kann zwar öfter lesen, daß Menschen ab und zu sehr komische Dinge tun, und dann sterben, und daß dies nicht gerade selten vorkommt, aber wenn es einen dann selbst trifft, hält man es gleich mit seinem rationalem Verstand für unmöglich.

Zu diesem Zeitpunkt kam uns das alles zwar wirklich komisch vor, wir hielten uns aber immer wieder vor Augen, wir würden uns einfach in unserer Trauer etwas einbilden, hätte ja sein können. Unser Kopf sagte uns einfach, es ist ja irgendwie normal, daß man sich in seiner Trauer schon mal an einen Strohhalm klammert.

*Dienstag 20. Februar 2007*

Wie die letzten Tage auch, wache ich, trotz schlafloser Nächte um 06.40 Uhr auf. Mit Schmerzen, die circa zwei Stunden anhalten und dann den ganzen Tag über nicht vorhanden sind. Ich hatte noch nie eine Blasenentzündung, die jeden Tag zur gleichen Stunde, mit heftigsten Schmerzen kommt und nach zwei Stunden wieder von alleine, ohne Medizin, vergeht. Mittlerweile war ich an einem Stadium angekommen, daß ich mir dachte, das hat was mit dem Unfallzeitpunkt zu tun. Wir wußten zwar noch nicht, wann Alex gestorben war, das Gutachten war noch nicht fertiggestellt, aber ich dachte mir, wahrscheinlich wird im Gutachten stehen: **Festgestellter Todeszeitpunkt 06. 40 Uhr!!!**

Ich ging ohne Handy nirgends mehr hin, entgegen meiner Gewohnheit nahm ich es sogar ans Bett mit, damit mein Sohn mich jederzeit erreichen konnte. Er hatte zwar immer noch keinen Autoschlüssel, der war gut verwahrt, aber er hätte ja alles Mögliche anstellen können. Er wollte aber nicht, daß jemand bei ihm schläft, er wollte alleine sein. Hinzu kam noch, daß am Schlüsselbund, den Alex hatte, auch der Schlüssel aus Stephs Kaserne hing, und der wurde an der Unfallstelle nicht gefunden. Man hatte uns den Rucksack gegeben, in dem die Utensilien waren, die man im Feld gefunden hatte, aber der Schlüssel war nicht dabei. So mußten sich zwei Freiwillige finden, die zum Autowrack fuhren, denn verschrottet war es ja noch nicht, und dann an den Teilen, die vom Auto noch übrig waren, nach dem Schlüssel suchten. Man sagte Stephan, er müsse den Schlüssel bringen, da es ein Sicherheitsrisiko in der Kaserne wäre, wenn er verloren wäre, und dann müßten sämtliche Schlösser ausgetauscht werden, und das käme sehr teuer.

So fuhren schließlich mein Bruder und mein lieber Mann, die eigentlich beide für so etwas gar nicht geschaffen sind, da beide äußerst sensibel und feinfühlig sind. Wieder zu Hause angekommen, sagte mein Mann nur zu mir:»Kannst du dir vorstellen, wie das ist, in einem zusammengeknäuelten Cockpit nach einem Schlüssel, der wahrscheinlich beim Unfall gepreßt worden ist, zu suchen und noch Haarbüschel und weiß Gott noch was von Alex zu sehen? Er war in diesem Moment einfach nur fertig mit der Welt. Mein Bruder sagte gar nichts, und so reicht es noch nicht, daß man in tiefster Trauer ist, nein, da fordert die ganz normale Realität dann noch Übermenschliches. Kurzum, der Schlüssel wurde nicht mehr gefunden.

Im Laufe des Tages rief mein Mann bei seiner Ex-Ehefrau an um sie zu fragen ob seine Kinder aus erster Ehe, die geplanterweise am kommenden Donnerstag und Freitag bei uns sein sollten, denn nicht schon heute und morgen kommen dürften. Er erklärte ihr, daß ansonsten die Kinder mit einer Beerdigung konfrontiert werden würden, was die Kinder sicherlich sehr traurig stimmen würde, da alle Menschen die wir kannten ebenfalls auf dieser Trauerfeier wären, und somit nicht aufpassen könnten. Er berichtete ihr, daß meine Schwiegertochter tödlich verunglückt sei, und seine Kinder ja diese junge Frau kannten und sehr mochten, was den Umstand des Beerdigens für die Kleinen noch schlimmer machen würde. Daraufhin meinte diese nur ganz kaltschnäuzig:»Und warum erzählst Du mir das, was glaubst Du was mich das interessiert?«. Fazit die Kinder mußten genau an diesen beiden Tagen kommen, weil eine»angeblich liebende Mutter« dies ihren Kinder nicht ersparte. Es ist schon manchmal kaum zu glauben, mit welcher Herzenskälte und Egoismus manche Menschen ausgestattet sind und ich empfinde für solche Lebewesen nicht einmal Wut, sondern ausschließlich unglaublich viel

Mitleid. Wir verabredeten dann, uns innerhalb der Familie abzuwechseln, da eine Stunde schon mal die Kirche, dann die Beerdigung und kurzes Beisammensein (kein Treffen in einem Gasthaus), Stunden in Anspruch nehmen würde, das wußten wir natürlich. Aber die Kinder würden wir auf jeden Fall, am kommenden Freitag zu Hause lassen, um sie zu verschonen, da waren wir uns sicher.

Jeden Tag aufs neue das gleiche Spiel, ich wache auf, Schmerzen, die dann von alleine wieder vergehen. So stand ich dann am Donnerstag an unserer Küchentheke, sprach mit Stephan, was wir in diesen Tagen fast ununterbrochen taten, und erzählte ihm, daß auch dieser Morgen wieder mit Schmerzen zur gleichen Zeit begonnen hätte. Plötzlich hatte ich das Bedürfnis etwas laut auszusprechen: »Alex, wenn du mir etwas sagen willst, dann bitte nicht mehr um 06.40 Uhr morgens, und nicht mehr mit Schmerzen, sondern weck mich in Zukunft einfach um ein Uhr nachts. Punkt ein Uhr. Denn eins ist die Quersumme deines Todestages und das kann ich mir merken. Alex, ich kann es mir inzwischen denken, du wolltest mir sagen du bist um 06. 40 Uhr gestorben. Mir ist mittlerweile auch klar, daß ich an deinem Todestag um 06.10 Uhr wach geworden bin mit heftigsten Schmerzen, da ab diesem Zeitpunkt feststand, »heute wirst du gehen«. Deshalb auch am Samstag meine Schmerzen von **06.10 Uhr** bis **06.40 Uhr** und dann noch bis kurz vor acht Uhr, bis Stephan es erfahren hatte. Du hast es mir oft genug gezeigt die letzten Tage, ich hab's jetzt kapiert«. In diesem Moment fiel das Bild um, das rechts von mir im Küchenregal stand, das von ihr und den anderen Enkeln an Weihnachten gemacht worden war. Ganz so, als würde sie mir jetzt in diesem Moment zustimmen.

Von Donnerstag auf Freitag wachte ich irgendwann in der Nacht auf, schlaftrunken drehte ich mich um, als mein Blick auf den Radiowecker fiel, und es war **01.01 Uhr**. Gut eine Minute war in etwa vergangen, seit ich wach wurde. Als hätte man mir Adrenalin gespritzt, floß mein Blut schneller, und mein Blutdruck stieg. Sie hatte mich doch tatsächlich genau um ein Uhr geweckt. Also wollte sie mir etwas sagen, aber was, denn ich hatte ihr ja bereits gesagt, daß ich nun wusste, wann der Zeitpunkt ihres Weggehens gewesen wäre. Ich hatte keine Ahnung. Nachdem ich ja jetzt wirklich zum vereinbarten Zeitpunkt geweckt worden war wartete ich auf Zeichen, auf irgendwelche Zeichen, aber es kamen keine. Aber ab diesem Tag war das tägliche Wecken durch Schmerzen weg. Einfach weg. So war mir mittlerweile absolut klar, hier gibt es Kommunikation zwischen den Welten, hier gibt es »hinter einem Vorhang« etwas zu entdecken, was uns bisher verborgen war.

## Kapitel 4

## Loslassen, aber wie?

So kam schließlich der Freitag, ein relativ milder Februartag, an dem es weder regnete noch schneite. Heute sollte Alex begraben werden. Es war für jeden ein ganz, ganz grauenvoller Gedanke. Alle hatten wir im Kopf, wie würde Stephan reagieren, wir durften ihn auf keinen Fall alleine lassen, er würde das nicht durchhalten. Mein Herz pochte wie wild. Seit langer Zeit dachte ich, hatte ich keinen so hohen Blutdruck. Der Körper zitterte, und ich kam mir wieder so unsagbar hilflos vor. So versammelten sich alle Verwandten, Freunde, Bekannten und ich kam aus dem Staunen nicht heraus, wie viele Menschen, vor allen Dingen, wie viele jungen Menschen, hier zu dieser Trauerfeier gekommen waren. Es müssen an die 200 gewesen sein. Unsere Familie und ihre Freunde saßen alle zufälligerweise in den rechten Reihen, sowie auch ihr Stiefvater, und die Familie von Alex, sowie ein paar Nachbarn in den linken Reihen. Wir mit Stephan und Sandra in der ersten Reihe. Auch meine Tochter tat mir so grenzenlos leid, wie sie hier so kauerte, still und hilflos. Die ganze Zeit versuchte ich, meine Gedanken auf die Worte des Pfarrers zu richten und nicht auf den Gedanken, daß unsere Alex jetzt dann in einem kalten Grab beerdigt werden würde. Ich hatte unserem Pfarrer extra noch einen Text zur Verfügung gestellt, den er doch bitte vorlesen möge. Das waren keine Texte, die allgemeingültig bei Beerdigungen verwendet werden, sondern eine Botschaft an die Hinterbliebenen, daß gestorben nicht gleichzusetzen ist mit weg, und dies in liebevollen Worten ausgedrückt, damit diese vielen Menschen hier nicht noch mehr trauern. Steph versuchte, Haltung zu bewahren, daß es erstaunlich war. Ab und zu liefen ihm ganz langsam Tränen herunter, aber er versuchte dies immer gleich zu verbergen.

Irgendwie wurde mein Blick und, wie ich bemerkte auch der Blick von Stephan und den anderen, auf eine riesige weiße Kerze, die vor der Kanzel stand, gelenkt. Die Kerze begann wie wild zu rußen, und dieser Ruß stieg erst empor, aber nicht hoch, und dann verteilte er sich ganz gleichmäßig langsam nach hinten über die rechten Kirchenreihen, als würde er uns einhüllen wie dunkle Nebelschwaden …

Und meine Tochter bestand darauf, als sie meinen fertigen Text las, daß ich doch nicht unterschlagen sollte, was sie, nachdem der Nebel über uns gezogen war, zu mir gesagt hatte:
»Mama, siehst du sie auch, hinter dem großen Holzkreuz, sie steht genau dahinter!« Und ich verneinte, da es mir leider nicht möglich war, sie zu sehen. Aber vielleicht sind Kinder ja in der Lage, mehr zu sehen als wir Erwachsene.

Nun hatten wir noch die eigentliche Beerdigung vor uns, den schwersten Teil.

In der Aussegnungshalle war ihr Sarg aufgebahrt und mit vielen, sehr vielen Blumen und Kränzen, und liebevollen Aufmerksamkeiten geschmückt. Als alle Trauernden hier waren, begannen wir mit dem Abspielen der CD und konnten Alex noch einmal ihr Lied vorspielen. Da sie doch so viel Energie aufgewendet hatte, damit wir endlich kapieren, daß dies ihr Lied war. Von Nelly Fortado: »Why do all good things come to an end. Flames to dust (warum gehen alle guten Dinge zu Ende, Flammen zu Staub). »Dieses Lied löste in dieser Situation Emotionen aus, das kann man sich nicht vorstellen. Der Pfarrer hielt anschließend noch eine kurze Rede, ich weiß überhaupt nicht mehr was er gesagt hat, da ich mit meinen Gedanken weit, weit weg war, und mir die ganze Zeit vorgestellt hatte, aus welchem Eck sie sich das Ganze jetzt wohl ansah und was sie wohl dachte während wir hier so weinten und schluchzten. Ob sie sich vielleicht dachte: *»Hört auf zu weinen, lacht mit mir, ich bin doch da!«*

Während ich so dastand hatte ich nur solche Gedanken. Um mich herum bekam ich nur mit, daß ihre Familie, die sich jahrelang nicht um ihre Tochter gekümmert hatte, am lautesten schrie und weinte, und ich dachte mir, die plagt wohl das schlechte Gewissen, und mein Sohn, der wohl am meisten zu leiden hatte, litt still, in einer gewissen Würde. (Genau diese Familie von ihr, war dann ein halbes Jahr später an Allerheiligen, wenn alle Menschen beim Gräberumgang am Grab bei ihren Liebsten stehen, nicht vertreten. Weder die Eltern noch die Geschwister, noch die eigene Oma … kein einziger. Wären wir, ihre neue Familie nicht alle hier gestanden, wäre ihr Grab unbesucht gewesen. (Schon sehr bemerkenswert.)
So spielten wir also jetzt, an diesem Tag ihrer Beisetzung, ihr zu Ehren noch ein zweites Lied mit dem Titel : »A second of my life« ( eine Sekunde meines Lebens), das ebenfalls auf ihrer CD war und zum Geschehen sehr paßte. Als dieses Lied vorbei war, ging Stephan als erster zum Sarg, kniete davor nieder und küßte diesen! Wow, so etwas hatte ich noch nie gesehen! Wie er uns später sagte, beim Heiratsantrag vor fünf Jahren hätte er dies versäumt, und so wollte er wenigstens jetzt vor ihr auf die Knie fallen. Ich dachte, alle dachten, uns bricht es jetzt gleich das Herz. Und während ich diese Zeilen so schreibe, ganze sechs Monate später, laufen mir die Tränen übers Gesicht. Dann nahm Stephan seine Schwester an die Hand und führte die

Trauergruppe zum Grab. Mittlerweile konnte ich sein Gemüt und seine Gedanken sehr schwer nachempfinden, da er wirkte, als hätte er Drogen genommen. Irgendwie wirkte er jetzt auf mich als wäre er gerade nicht in dieser Welt. Genau als wir uns vor dem Grab versammelt hatten, brachen die Wolken auf durch die Bäume fiel das Sonnenlicht und bildete einen Lichtkanal genau auf Stephan und Sandra.

So als würde man in einem Film die Kameras einschalten und sagen: Spot an. Lichtquelle auf die Hauptperson, genau so kam es mir in dem Moment vor. Stephan sah mich an und schmunzelte ganz leicht, als wollte er mir sagen, siehst du sie gibt mir Zeichen. Meine Gedanken kreisten die ganze Zeit, das ist nicht Alex, das ist nur ihr Körper, der da in diesem Sarg liegt, sie ist bestimmt jetzt hier. Ich hatte mal gelesen, daß jeder Verstorbene seiner Beerdigung beiwohnt, und diesen Satz ließ ich mir genau jetzt die ganze Zeit durch den Kopf gehen. So konnte ich mir auch vorstellen, wenn wir hier fürchterlich trauern, schluchzen, heulen, verzweifeln, daß sie mitleidet, wenn sie das jetzt sieht. Ich dachte mir, wenn sie jetzt auch nicht mehr verwirrt ist über ihr Fortgehen, so wird ihr aber trotzdem überhaupt nicht gefallen, die Menschen, die sie gerne mochte oder liebte, nun so trauern zu sehen, was hier in unserer Kultur zwar etwas völlig Normales ist, aber in anderen Ländern läuft das nicht auf diese Art und Weise ab. Bei uns wäre es für die umstehenden Menschen absolut unverständlich, wenn man nicht in seiner Trauer vergehen würde. Man würde für kalt und herzlos gehalten werden. All diese Dingen schwirrten in meinem Kopf herum nur um meine Gedanken nicht auf diesen Sarg konzentrieren zu müssen.

So ging dann schließlich nach und nach, nachdem der Pfarrer noch eine kurze Predigt gehalten hatte, jeder ans

Grab und verabschiedete sich mit der üblichen Geste. So weiht man bei uns, ich weiß nicht, ob das überall so der Fall ist, den Sarg noch mal mit Weihwasser und Weihrauch,und siehe da, ein Teil des Weihrauchs wurde links und rechts weggeblasen, als würde ein Windbö immer in diese Richtung wehen. Als würde sie sagen: »Pfui, weg mit dem scheußlichen Zeug!« Obwohl Alex sehr gläubig gewesen war, so haßte sie trotzdem jeglichen Geruch von Weihrauch. Sie war buchstäblich allergisch drauf. Wir konnten dies eine lange Zeit beobachten. Stephan bemerkte schon nach kurzer Zeit, man könne hier sehr genau sehen, daß Alex dieses Zeug nicht haben will. Bei jedem einzelnen das gleiche Bild, der Weihrauch wurde weggeblasen. Nicht nur wir hatten das bemerkt, sondern viele andere auch, die später darüber redeten. Manche hatten es auch nicht bemerkt, aber es hängt natürlich auch davon ab, wohin man seine Aufmerksamkeit lenkt. Nur wie war das möglich? So traurig die Situation auch war, mußten wir auch über diese Reaktion von »ihr« schmunzeln, weil hier anscheinend doch etwas Kraftvolles im Spiel war. Irgendwie wußten wir das bereits jetzt. So verging dieser Tag so traurig, wie er angefangen hatte, und doch war er endlich vorbei.

Die nächsten Tage verbrachte Stephan jede Minute, die er Zeit hatte, bei uns. Gott sei Dank! Ich war dankbar für jeden Augenblick, den er nicht in seiner düsteren Wohnung alleine verbringen mußte. Wir redeten und redeten die ganze Zeit. Mir war klar, daß er im Moment nichts so brauchte wie jede Form von Kommunikation. Allerdings mit der Zeit änderte sich seine Art des Redens. Er wurde verschlossener, sprach auch schon mal lustig über seine Alex. So erzählte er zum Beispiel, daß sie vor ihrem Unfall auch mal mit angezogener Handbremse bis in die nächste Stadt gefahren wäre, ohne es zu merken, und er konnte darüber sogar lachen. Ans Grab gehen war ihm überhaupt nicht möglich, auch wenn man ihm das übelnehmen konnte, ich verstand es, da es mich jedesmal wenn ich dort stand, fürchterlich überkam und immer ein Tag wieder vergehen mußte, bis meine Stimmung sich wieder besserte. Am nächsten Montag erhielt Stephan dann das Sachverständigen-Gutachten: Ein Polizist war im Morgengrauen an jenem 17. 02. auf dieser Bundesstraße gefahren. Als er schon vorbei war, dachte er sich im nachhinein er hätte da etwas am Baum gesehen, fuhr die nächste Ausfahrt raus, kehrte um und fuhr zur Unfallstelle. Der Unfall mußte unmittelbar passiert sein, bevor er vorbeigefahren war. Als Polizist wußte er sofort, hier ist nichts mehr zu machen und rief den Notruf an.

Da bei den Notdienststellen immer die Uhrzeit festgehalten wird, konnte als Unfallzeitpunkt gleich *Todeszeitpunkt 06.40 Uhr* festgestellt werden. Schon wieder Zufall? Kein Mensch würde hier noch an Zufall glauben.

## Kapitel 5

# Jetzt spreche ich durch Musik zu euch

*B*esonders schlimm empfand ich in der nächsten Zeit, daß ich ja auch noch arbeiten mußte, und wenn ich das tat, hatte ich Gewissensbisse, daß ich während dieser Zeit nicht für Stephan da sein konnte.

So hatte er Gott sei Dank auch noch seine Omi und die restliche Verwandtschaft, um seine Zeit dort zu verbringen. Von der Arbeit war er erst mal freigestellt worden. Abend für Abend saßen wir bei uns in unserer »Raucherstube« im Keller und führten tiefgründige Gespräche über Alex und seine Zeit mit ihr. So war sie nunmehr seiner Meinung nach fast immer bei ihm. Er erzählte, spätabends, wenn er immer in das Tankstellenbistro zu seinen Freunden fuhr, wurde er immer mit dem Lied von Alex: *All good Things von Nelly Furtado*, begrüßt. Aber nicht aus einem CD-Player, nein, aus dem Radio! So war es egal, zu welchem Zeitpunkt er das Lokal betrat, entweder beim Hineingehen oder spätestens nach ein bis zwei Minuten kam im Radio ihr Lied, so daß sich die Anwesenden schon darüber unterhielten, das würde doch nicht mit rechten Dingen zugehen. Wenn sie einmal das Lied hörten, sagten sie schon, jetzt käme bestimmt gleich der Stephan rein, und so war es dann auch. Durch diese nicht zu erklärenden Vorfälle kam es schließlich, daß diese jungen Menschen anfingen sich über ein »Leben danach« zu unterhalten. Stephan erzählte dann immer, daß ganze Diskussionsrunden entstanden wären wegen dieses Themas.

Das mit diesem Lied ging übrigens wochenlang so. Man kann hier natürlich sagen, dieses Lied war zum damaligen Zeitpunkt modern oder in. Nur Stephan kam immer zu verschiedenen Zeiten und immer während der ersten fünf Minuten oder direkt beim Hineingehen war es wieder im Radio. Zufall – nein, das wären zu viele Zufälle, das bemerkten eben mittlerweile sogar ungläubige junge Menschen.

Trotz der vielen Gespräche darüber, mein Sohn begann sich innerlich abzuschotten. Er schlief bis mittags, kam ungeduscht, kleidete sich ungepflegt, die Wohnung kam in einen relativ verwahrlosten Zustand, obwohl er Zeit gehabt hätte. Nachts hing er in diesem Bistro rum, teilweise bis fünf Uhr morgens. Nicht daß ich gewollt hätte, daß er alleine zu Hause gewesen wäre. Nein, um Gottes willen. Nur hatte ich Angst, da könnte sich ein Lebensrhythmus einschleichen, der ihm auf seinem Lebensweg vielleicht nicht ganz förderlich wäre. Ich war ja auf der anderen Seite wiederum sehr froh, daß er auch nachts jemanden zum Reden hatte. Dann kam eine Zeit, in der er es, sobald es dunkel wurde, in der Wohnung nicht mehr aushielt und nachts stundenlang durch die Gegend fuhr, irgendwann dann wieder vor der Haustüre landete und gar nicht mehr wußte wo er eigentlich überall war. Meine Nächte waren geprägt von Angst. Angst daß er auch einen Unfall bauen könnte. Angst, daß er bewußt einen Unfall bauen würde. Angst, daß er in seiner Wohnung depressiver und depressiver werden könnte. Nur dachte er zum damaligen Zeitpunkt diese Wohnung könne er nie aufgeben, da hier zu viele Erinnerungen wäre, was ich natürlich schon verstand. Nur diese Erinnerungen waren natürlich nicht nur schön, sondern zeigten ihm natürlich auch jeden Tag, daß er jetzt und hier alleine war. Dadurch daß er diesen Zustand des Alleineseins überhaupt nicht kannte, da er ja seit acht Jahren mit ihr zusammengewesen war.

Während meiner täglichen Arbeit im Büro kamen natürlich auch immer wieder Kunden, die gehört hatten, was passiert war und tief betroffen waren. So kam es, daß eine Kundin zu mir sagte, als sie das Sterbebildchen von Alex gesehen hatte: »Sie sollten Kontakt zu einer Frau K. aufnehmen, die macht Trauerhilfe. Vielleicht hilft ihm das.« Ich aber verneinte, da ich ihm bereits öfter vorgeschlagen hatte, ich könnte zu einer Trauerbewältigung mit ihm gehen. Er lehnte stets strikt ab. An einem Mittwochmorgen, ich war bereits in Eile zu einem Termin, stieg ich um circa 09.20 Uhr in mein Auto und wie immer war das Radio an. Im Radio wurde ein Lied von Nena gespielt. Dieses Lied hatte ich schon öfter gehört, aber es hatte mich nie in irgendeiner Weise angesprochen. Ich hörte es also erst mal nur ganz beiläufig. Da ich ja in Eile war, in zehn Minuten sollte mein Termin stattfinden. Als ich an unserer Ausfahrtsschranke stand, wurde mein Autoradio, ohne daß ich es irgendwie berührt hatte, viel, viel lauter bei der Textpassage: (Zitat aus einem Song von Nena)

*»Ich danke dir für deinen Mut, ich danke dir für Deine Kraft und für die Worte die du gefunden hast.«*
Dann wurde das Radio wieder leise wie vorher. Erst war ich richtig erschrocken, aber als ich diesen Text gehört hatte, fuhr ich sofort an den Straßenrand. Ich zitterte am ganzen Leib, hatte eine Gänsehaut und mußte meinen Tränen freien Lauf lassen.

Da war **ich** gemeint mit diesen Worten. Das wußte ich in diesem Moment ganz genau, so sicher wie das Amen in der Kirche. Unsere Alex hatte mir sagen wollen, daß die Worte, die ich Stephan in letzter Zeit immer sagte, die richtigen waren. Sie dankte mir in diesem Moment dafür. So fuhr ich also endlich, mit verweintem Gesicht zu meinen Kunden, aber dieses Geschehen vom frühen Morgen ging mir nicht mehr aus dem Kopf. Irgendwie, irgendwas von ihr war anscheinend immer noch wirklich hier. So hatte Stephan ja gesagt, als wir damals ihr Lied gefunden hatten:»Jetzt ist ein Teil von ihr gegangen!«Warum hat er damals eigentlich gesagt *ein Teil*, darüber hatte ich noch gar nicht nachgedacht. Da konnte ich mir eigentlich in diesem Moment nur die Erklärung selbst geben, die ich mal in einem Buch gelesen hatte und nur sinngemäß wiedergegeben sollte das heißen:»Wenn man den Kopf eines Tintenfisches ansieht, dann muß man sich vorstellen das ist die Hauptseele, und die vielen Arme des Tintenfisches sind die Seelenanteile. Der Kopf (die Seele also) kann jederzeit schon im Licht sein, während die Arme (die Seelenanteile) noch woanders sind.« Als ich damals diese Erklärung gelesen hatte, hatte ich mir gedacht, dazu benötige ich keinen Tintenfisch. Wir Menschen haben einen Kopf und können mit der rechten Hand etwas anderes machen als mit der linken und gleichzeitig noch mit den Füßen wieder etwas anderes spüren, aber alles reagiert vom Kopf her, fühlt aber separat. Und genauso mußte es hier anscheinend auch mit dem Geist oder der Seele sein. Warum auch nicht!

In der nächsten Nacht schlief ich wieder sehr schlecht und am frühen Morgen ging der Radiowecker um sechs Uhr mit Musik an. Normalerweise höre ich diese dann so circa eine Viertelstunde, und dann stehe ich auf. Nur an diesem Morgen das gleiche Spiel wie am Tag zuvor im Auto. Im Radio kam ein Countrysong von Dick Maverick und bei der Passage »I'm talking to you by music« (ich spreche zu dir durch Musik) wurde das Radio richtig laut und dann wieder wie vorher. Sofort war ich wieder hellwach. Schon wieder ein Hinweis. Einen Tag später ging ich zum Supermarkt, bei dem ich immer einkaufe. Stets läuft hier Hintergrundmusik unseres örtlichen Radiosenders. Während ich an der Kühltheke stand und gerade überlegte, was ich denn brauche, schreckte ich hoch, denn im Radio lief das gleich Lied, das mich am Tag vorher geweckt hatte, und genau an der Stelle:»I'm talking to you by music«, wurde die Musik lauter. Ich sah' mich um, wollte die Reaktion der anderen Leute sehen, ob die das nicht auch bemerkt hatten. Aber anscheinend war hier niemand, dem das aufgefallen war, oder nur ich konnte die erhöhte Lautstärke bei dieser Liedpassage hören. Bei meinen nächsten Gesprächen mit Stephan kam ich auch auf dieses Thema, und er meinte ganz gelassen, so ginge es ihm schon die ganze Zeit. Sie benutzt Musik, um, und schon kam das Lied von Alex. So sagte meine Mutter ein paarmal:»Nicht *dieses* Lied!« und ich mußte ihr immer antworten, daß dies im Radio wäre und nicht auf CD. »Schau, Mama, jedesmal wenn du mitfährst, begrüßt dich Alex, sieh's doch einfach so. Sei nicht traurig. Sie grüßt dich einfach.« Das war mittlerweile einfach meine Sichtweise. Oder unsere Familie ging essen, und kaum saßen wir im Restaurant kam unser Lied. So gab es dann ganz langsam immer mehr komische Begebenheiten dahingehend, daß Alex uns auf verschiedenste Art und Weise Hinweise sandte. Ich denke, wenn ich damals, als es begann, angefangen hätte zu zählen, wie oft sie uns auf diese Art und Weise Zeichen gab, hätte ich im Laufe der Monate einhundert zusammengebracht. Im nachhinein kann man sich leider nicht mehr an jede einzelne erinnern, aber ich weiß, daß es unglaublich viele waren.

Bei einem Gespräch mit einer Kundin meinte diese wie eine andere Kundin auch schon. Ich solle mich doch mit einer Frau K. in Verbindung setzen, das wäre gut für uns. Als mir dann auf einer Feier noch eine dritte Person das gleiche mitteilte, dachte ich mir, das ist aber komisch, es gibt doch einige Menschen in dieser Stadt, die Trauerhilfe leisten, aber alle sagen mir dieselbe Person, die nicht in der Stadt wohnt, sondern in einem kleinen Vorort. Wieder Zufall? So versuchte ich dann, die Telefonnummer dieser Frau herauszufinden und rief bei ihr an. Eine sehr nette Frau mit sehr angenehmer Stimme erklärte mir dann, daß sie diese Trauerbewältigung macht, da ihr eigener Mann vor mehr als zehn Jahren bei einem Autounfall ums Leben gekommen war.

Diese Christa K. war damals auf eine sehr ungewöhnliche Art und Weise mit diesem Thema konfrontiert worden. Ihr Mann war bereits seit längerer Zeit tot, sie hatte eine schwere Zeit des Haderns hinter sich, da wurde sie auf der Straße von einer wildfremden, älteren Frau angesprochen, die ihr einen Gruß von ihrem vor längerer Zeit verstorbenen Mann ausrichtete und ihr auf der Straße Details ihres Mannes und auch private Dinge auf den Kopf zu sagte. Seitdem hat sie zu dieser Margret, so hieß sie, einen sehr engen Kontakt beziehungsweise sogar Freundschaft entwickelt. Auf diese Art und Weise hat sie sich auch dem Thema Trauerhilfe zugewandt und macht seit damals das Ganze sogar ehrenamtlich in einem Krankenhaus unseres Ortes. Sie begleitet Kinder durch eine Trauerphase, wenn diese jemanden Lieben verloren haben. An diesem Tag telefonierte ich mit ihr eine ganze Zeit und berichtete auch, daß ein paar komische Dinge passiert wären, was sie überhaupt nicht überraschte. Sie wollte unbedingt mit meinem Sohn reden, aber er wollte nach wie vor nicht. Also ließ ich es bleiben und dachte, o.k, er wird schon wissen, was ihm guttut.

So wurden die Dinge die da kamen, mit der Zeit immer heftiger. An einem Mittwoch noch im März rief eine junge Dame bei mir im Büro an, sie wolle eine Galeriewohnung, die ich inseriert hatte, besichtigen. Wir trafen uns am selben Tag. Vor mir stand eine sehr fesche, vielleicht 27jährige, gepflegte Frau. Diese Wohnung hatte ich bestimmt schon zehnmal besichtigt, aber jeder Kunde hatte wieder abgesagt, obwohl diese Wohnung sehr hell und freundlich sowie modern ausgestattet war. Aber Mietinteressenten fragen ja immer, wieso der Vormieter ausgezogen war und dann mußte ich ehrlicherweise immer sagen, der hätte Selbstmord begangen. Allerdings nicht in dieser Wohnung. Alle anderen hatte das gestört.

Diese junge Dame stellte auch wieder dieselbe Frage, und ich erklärte ihr wieder das gleiche. Darauf meinte sie:»Das spürt man in dieser Wohnung gar nicht, hier herrscht eine richtig gute Energie, denn wenn die Seele des Verstorbenen hier wäre, würde man das spüren!« Ich war verblüfft, eine so deutliche Aussage von so einer jungen Frau zu hören, und fragte deshalb, ob sie sich denn mit diesem Thema auskenne. Während dieses Gespräches waren wir dann schon mit dem Lift in den Keller unterwegs. Sie meinte, sie wäre Heilpraktikerin, würde sich aber mit dem Thema Energie und so weiter viel beschäftigen. Als wir aus dem Lift ausstiegen, sagte sie zu mir:»Ich kann ein wenig mehr fühlen als andere und deshalb weiß ich auch, daß jetzt gerade eine junge – brünette Frau hinter Ihrer rechten Schulter steht!« Ich antwortete:»Bitte!« »Ja«, sagte sie, »hinter Ihnen steht eine junge Frau, die Ihnen unbedingt etwas mitzuteilen hat und ziemlich verzweifelt ist, weil sie nicht durchkommt! Ich weiß nicht was sie Ihnen sagen will, aber ich spüre, daß es wichtig ist.« Mir jagte es eine Gänsehaut nach der anderen runter. Der Umstand, daß wir gerade in einem Kellerflur standen, machte es nicht gerade weniger gruselig. Sie sagte das so beiläufig, als wäre dies das Natürlichste der Welt. So erklärte ich ihr dann, daß meine Schwiegertochter verunglückt war und daß nur sie das sein könne, daß ich aber bereits wisse, daß sie mir etwas zu sagen hat. Die junge Frau beruhigte mich und meinte nur: «sie wird es schon schaffen. Wenn es wichtig genug ist, wird sie es auf die ungewöhnlichsten Arten versuchen. Die geistige Welt ist da sehr einfaltsreich.«

Auf jeden Fall hatte diese Begegnung mich richtig aufgewühlt. Ich konnte gar nicht mehr klar denken und mich auf meine beruflichen Dinge konzentrieren, da mir diese vielen Begebenheiten einfach keine Ruhe ließen.

An einem Dienstag war ich wieder mal ans Grab gegangen, um frische Blumen zu bringen, als dort auch zwei Arbeitskolleginnen von Alex standen. So kamen wir natürlich ins Gespräch, und sie meinten, sie hätten so gerne mal mit Stephan gesprochen, hätten aber bisher nicht den Mut gefaßt ihn anzurufen, weil sie ja nicht wüssten, ob das gut für ihn wäre. Ich erzählte ihnen, daß mein Sohn einen starken Glauben hat und nach wie vor der Meinung ist, seine Alex wäre bei ihm. So gut wie immer. Er würde sie spüren. Als die beiden diese Sätze hörten, fing eine der beiden an zu reden, während die andere meinte ihr wären manche Dingen, einfach suspekt.

Alex hatte, wenn für die Patienten das Essen auf dem Tablett zusammengestellt wurde, die Servietten immer besonders gefaltet. Meine Mutter, die das besonders gut kann, hatte sie das gelehrt. Außer ihr tat das keine der Schwestern. So hatten sie an einem Tag wieder Essen bereitgestellt, und während sich die eine Krankenschwester umdrehte, um kurz etwas zur Seite zu nehmen, und sich dann wieder zurückdrehte, da lag die Serviette gefaltet auf dem Tablett. Auf die Nachfrage gegenüber der anderen Schwester, seit wann sie denn die Servietten faltete, bekam sie die Antwort, sie wäre das nicht gewesen. Nicht nur einmal hätten sie das erlebt. Täglich müssen auch Eintragungen in einem sogenannten Anamnesebuch vorgenommen werden über die jeweiligen Patienten. Alex hatte immer sehr sorgfältig ihre Eintragungen vorgenommen und in einer sehr ausführlichen Art und Weise wie keine andere. In letzter Zeit aber käme es immer wieder vor, daß plötzlich, nur während jemand sich schnell mal wegdreht oder kurz etwas anderes macht, die Seite aufgeschlagen wird, an dem Tag, als Alex ihren letzten Eintrag machte. Darüber hätten sie sich schon mehrfach gewundert. Auch daß mehrere Leute, Patienten wie Schwestern, unsere Alex mit einem weißen Kleid über den Hof hätten gehen sehen. Sie meinten, das wäre gruselig, aber mehrere Leute haben es am gleichen Tag gesehen, und darüber wäre im Altenheim viel gesprochen worden. So kann man auch hier wieder feststellen, daß anscheinend eine starke Macht, sehr viel Energie am Werk war, um den Menschen zu zeigen: *Ich bin immer noch hier.*

Stephan war wieder einmal überhaupt nicht verwundert, als ich ihm das erzählte, sondern meinte nur: «Ich sag' dir das ja schon die ganze Zeit.»
Die Tage vergingen, die kaum erklärbaren Ereignisse häuften sich. Immer wieder Lieder, die plötzlich lauter wurden, und immer wieder »Weckrufe« genau um ein Uhr nachts. Ich wusste, sie wollte mir was sagen, unbedingt, aber was? Ich konnte sie förmlich spüren, wenn ich nachts um ein Uhr aufwachte, aber ich konnte sie weder hören noch sehen. Eines Tages kam mein Mann nach Hause und summte beim Gehen durch die Terrassentür das Lied von Alex: »All good things« von Nelly Furtado. Als er mein Gesicht sah, entschuldigte er sich, da es ihm irgendwie nicht recht war, mich eben wieder erinnert zu haben, aber er meinte, er hätte es gerade im Radio gehört.

Drei bis fünf Minuten später stieg ich ins Auto. Derselbe Sender: Antenne Bayern. Im Radio lief mittlerweile ein anderes Lied. Nicht möglich, was das nächste Lied war: »All good things«. Wie kann das sein? Ein Radiosender spielt doch nicht binnen zehn Minuten zweimal daßelbe Lied. Als ich circa 300 Meter vom Haus entfernt war, spürte ich, daß mein Sitz sehr warm geworden war, und wollte die Sitzheizung ausschalten, nur die Sitzheizung war nicht an. Alles, mein Sitz im Beckenbereich, mein Sitz im Rückenbereich und sogar meine Schultern, die den Sitz gar nicht berührten, wurden sehr, sehr warm. So wunderte ich mich wie das denn möglich war, aber wie ich mittlerweile erfahren hatte: Vieles ist möglich, aber nicht mit unserem Denken erklärbar oder logisch. Fünf Kilometer hatte ich bis zum nächsten Ort zu fahren,und während dieser Fahrt sprach ich dann also in Gedanken mit unserer Alex, einfach so, da ich das Gefühl hatte, jetzt gerade wäre sie wieder einmal da. So erzählte ich, was mir gerade in den Sinn kam, und was ich an Bedürfnis hatte, ihr zu sagen. Erst als ich nach fünf Kilometern ankam, meine Tochter ins Auto stieg und mittlerweile mindestens zehn Minuten vergangen waren, fiel mir auf, im Radio lief immer noch das gleiche Lied. Es war nach wie vor Antenne Bayern. Auch Sandra konnte es hören, und auch ihr fiel auf, wie warm der Sitz war. Wir waren die halbe Strecke schon wieder zurück, als es endete, und auch ihr Sitz war mittlerweile beinahe heiß geworden. Ganz so, als würde sie uns liebevoll umarmen und wieder einmal zeigen, ich bin doch da. Sandra war einerseits traurig, andererseits fühlte sie die starke Liebe von Alex, und das freute sie sehr, denn diese Ereignisse waren für Sandra ein starker Trost. Einfach zu wissen, nicht mehr nur zu glauben, unsere Alex begleitet uns nach wie vor. Sie ist nicht auf dem Friedhof, das muß wohl nur ihr Körper sein, aber ihr Geist ist nach wie vor sehr rege und vor allen Dingen auch sehr einfallsreich.

## Kapitel 6

# Ich helfe dir

Inzwischen hatten wir Ende März, vier bis fünf Wochen waren vergangen. Das waren nicht nur extrem auslaugende, traurige, depressive, sondern auch sehr bemerkenswerte Wochen. Mein Sohn kam vor zwölf oder ein Uhr mittags gar nicht mehr aus dem Bett, ging um fünf Uhr oder sechs Uhr früh erst ins Bett, und tagsüber hing er nur rum. Seine Sätze hatten sich in der Zwischenzeit verändert: Er sprach davon, daß doch im Leben eigentlich viele Dinge gar nicht wichtig wären. Kleidung, Arbeit, Geld, Wohnung. Alles unwichtig. Einmal sagte er zu mir: «was soll das eigentlich hier alles? Ist doch eh alles egal, ist doch eh alles sinnlos.» Da wußte ich er war in einem Loch angekommen. Aber wie sollte ich ihn da rausholen? Ich konnte ihm ja seine Frau nicht wieder zurückholen. Zu dieser Zeit holte er sich gedanklich jede Grausamkeit des Unfalls immer wieder hervor und ging sie immer wieder durch in einer Art und Weise die mich erschreckte. Wenn er darüber sprach, sprach er sehr kühl, fast gefühl- und lieblos.

Während dieser Zeit bekam ich von meiner Familie wie auch von Freunden oder Bekannten zu hören, ich wäre doch seine Mutter, es wäre doch jetzt meine Pflicht, ihn dazu anzuhalten, wieder in die Arbeit zu gehen, damit er abgelenkt wäre und nicht den ganzen Tag über seinen Verlust nachdenken könne. Arbeit wäre doch die beste Medizin in diesem Fall. Außerdem wäre es an der Zeit, daß er wieder was für sich täte, indem er sich wieder pflegt und schön kleidet. Sie hatten recht, er ließ sich regelrecht gehen.

Alles was man ihm antrug, blieb unerledigt und einen normalen Schlaf- und Wachrhythmus hatte er auch nicht mehr, aber ohne diesen bekommt man keine Ordnung in sein Leben. Irgendwie wußte ich natürlich hatten sie recht. Wie viele viel ältere Menschen mit mehr Lebenserfahrung wurden nach so einem Unglück zum Alkoholiker oder verloren ihre Arbeit und schließlich auch ihre Wohnung, und das soziale Umfeld zog sich schließlich auch noch zurück. Auf der anderen Seite wollte ich auf keinen Fall Druck auf ihn ausüben, weil er mir so unendlich leid tat.

Schließlich beugte ich mich dem Ganzen, denn es konnte ja nicht so weitergehen. Hinzu kam, daß er ja, vierzehn Tage bevor Alex ging, auch noch von seinem Arbeitgeber der Bundeswehr den Bescheid erhalten hatte, er dürfte gehen, das hieß sie würden ihn aus dem Arbeitsvertrag entlassen, was sehr schwer ist, wenn man sich verpflichtet hat. Lange hatten er und Alex darum gekämpft, da er ein Knieleiden hatte und erschwerend hinzukam, daß nicht absehbar war, daß er nach Hause versetzt wurde. So wußte er also auch noch, daß er ab Oktober diesen Jahres ja dann auch keine Arbeit mehr haben würde. Gelernt hatte er Systemadministration, und in diesem Berufszweig gab es immer gleich Hunderte von Bewerbern, die da auf dem Markt einen neuen Arbeitsplatz suchten. Ehrlich gesagt hatte ich wenig Hoffnung. Nur er unternahm zu diesem Zeitpunkt noch nichts, rein gar nichts, um das zu ändern. Es war ihm völlig egal. Wenn ich ihn darauf ansprach, vertröstete er mich mit Sätzen wie, er hätte es schon versucht, aber keine Bewerbung wäre erfolgreich gewesen. Ich glaubte ihm das natürlich nicht, da ich wußte daß er zum Bewerben momentan noch viel zu depressiv war. Also begann ich mittlerweile auch auf ihn einzureden, sein Leben doch jetzt bitte neu anzugehen, nach vorne zu schauen und nicht zurück.

Man hört sich in so einem Moment ja selbst und denkt sich, was redest du wohl für einen Stuß. Natürlich konnte ich mir denken, daß alles noch so weh tat, um schließlich und endlich einfach tatenlos zu sein. Auf der anderen Seite will man natürlich nicht, daß der eigene Sohn aufgrund dieses Ereignisses kaputtgeht und auch noch sich seine Zukunft verbaut. Ein schwieriges Unterfangen. Nur ich tat, was ich nicht hätte tun sollen, ich redete auch auf ihn ein. Nur kam jetzt wieder eine Zeit in der ich jede Nacht um ein Uhr aufwachte, und sogar tagsüber ließ mich der Gedanke nicht los, sie will mir etwas sagen. Ich fuhr im Auto, in dem ich ja beruflich sehr oft unterwegs bin, und hatte sehr, sehr oft das Gefühl, sie sitzt jetzt gerade neben mir. Hier handelt es sich natürlich wieder um ein Gefühl, das man äußerst schwer beschreiben kann. Man spürt es einfach so. Vergleichbar, wie man spüren kann, wenn man in einem Raum sitzt, mit dem Rücken zu den anderen Gästen, und wird von hinten angestarrt. Sehr oft dreht man sich dann um, aufgrund genau des Gefühls, beobachtet zu werden. Ich denke auf diese Art kann dies vielleicht noch am besten erklärt werden.

In meiner momentanen Ratlosigkeit rief ich dann eines Tages doch noch einmal bei dieser Christa K. an um mir Rat zu holen, da mir nicht mehr aus dem Kopf ging, daß mehrere Personen mich direkt zu ihr hingeschubst hatten. Während dieses Telefonats erzählte sie mir, daß jedes Jahr von Anfang bis Mitte April eine Priesterin der spirituellen Kirche, die es in Schottland ja gab, käme. Diese Margret, wie sie diese kennengelernt hatte, habe ich vorhin bereits erwähnt, käme jedes Jahr zweimal und sie würde dann immer Einzeltermine bei Personen abhalten, die das dringende Bedürfnis verspüren, sich mit ihren verstorbenen Liebsten zu unterhalten. Diese Frau wäre ein sehr, sehr bekanntes Jenseitsmedium. Sie hätte seit ihrer Kindheit die

Gabe, diese Verstorbenen zu hören und auch zu sehen. Natürlich wollte ich so einen Termin, was aber gleich verneint wurde, da diese Margret bis Herbst 2008 ausgebucht sei bis auf die letzte Minute, und wenn jemand absagt, dann stehen bis zu 50 Personen bereit, die diesen Termin dann wollen. Allerdings würde sie immer eine öffentliche Sitzung in einem Gasthaus abhalten, und da könne kommen, wer da wolle, und das war schon in zehn Tagen. Ich dachte mir: Natürlich, da muß ich hin!

Die nächsten Tage waren mal mehr, mal weniger traurig. In meinem Kopf hatte durch die vielen Gespräche mit Stephan sowieso nichts mehr Platz. Ich war ausgelaugt ohne Ende. Meine Sandra wurde auch noch zunehmend trauriger. Die Stimmung in unserem Haus war auch nicht gerade positiv, denn die ganzen schwermütigen Gespräche hatten ihren Eindruck hinterlassen. Auch bei meinem Mann machte sich das bemerkbar. Er war nur noch ernst. Zudem fehlten ihm die vielen Abende, an denen wir vor diesem Unglück immer so schöne Unterhaltungen bis spät in die Nacht geführt und viel miteinander gelacht hatten. Es machte sich also auch schon in unserem Alltag die Schwermut breit. Beide mußten wir ja auch unserem Beruf nachgehen und geschäftliche Verhandlungen führen sowie zusätzlich uns um unsere Wohnbaufirma kümmern. Minuten des geistigen Abschaltens gab es so gut wie keine.

So ging ich eines Tages während meiner Hausarbeit, die ja auch noch zu erledigen war, auf unsere Terrasse, als Sandra auf der Liege lag und meinte, ich solle doch ein wenig zu ihr kommen. Sofort spürte ich, sie hatte gerade wieder ihre trauernden Phase, in der sie mit dem Verlust nicht klarkam. Ich legte mich zu ihr auf die Liege und nahm sie in den Arm. Ich fragte sie: »Was ist denn los, Mausi!« Sofort fing sie richtig an zu weinen, daß es sie nur mehr schüttelte. »Ich will, daß meine Alex zurückkommt.« Meine Nerven waren ja eh nicht mehr die besten, so war ich einfach nur ratlos. Die richtigen Worte fielen mir auch nicht mehr ein. Worte hatte ich auch keine mehr, da ich schon so viele Worte gesagt hatte, in der Hoffnung, sie wären tröstlich. So stand ich reflexartig auf, hob meine Hände fragend, zweifelnd, wütend, hilfesuchend gegen den Himmel und sagte laut: »Herrschaftszeiten dann helft mir doch endlich!«

Es dauerte ungefähr eine Minute, bis das Telefon klingelte, und Christa war dran. Sie sagte wörtlich: »Frau Jell, Sie werden mich jetzt für närrisch erklären, aber mir hat heute eine Frau einen Termin bei Margret abgesagt und jetzt wollte ich eine andere vorgemerkte Kundin anrufen, die auf der Warteliste steht, aber irgendwas in meinem Kopf sagte zu mir, ich müsse unbedingt Sie anrufen. Also kriegen Sie diesen Termin, wenn Sie diesen noch wollen, denn irgend jemand drängt sich da vor, ich spüre das.« Ich war sprachlos! War das die Hilfe, die ich eben sehr energisch erbeten hatte? Natürlich wollte ich diesen Termin und wenn er um drei Uhr morgens stattfinden würde. Also vermerkte ich 19.04.07. Ich wußte zu hundert Prozent, dann würde ich erfahren, was Alex mir die ganze Zeit sagen wollte. Kein einziger Zweifel kam in mir hoch. In Spannung wartete ich, aber zwischenzeitlich war ja sowieso dieser Allgemein- termin, und da würde ich dann schon mal sehen, wie so etwas abläuft.

Also, es könne kommen, wer da wolle, und keiner müsse sich anmelden, wurde mir gesagt. Wir, also Sandra und ich, fuhren in großer Neugier dorthin. Bevor wir ins Lokal gin- gen, genehmigten wir uns auf der Terrasse noch einen Cappuccino, da ja ausreichend Zeit zur Verfügung stand. Am Nebentisch saß eine sympathisch wirkende Frau um die 30 mit ihrer Mutter, die zu uns herüberlächelte. Nach kurzer Zeit kamen wir miteinander ins Gespräch, und so konnten wir erfahren, daß die beiden zwar noch nie hier waren, aber eine gute Freundin. Diese hätte ihnen erzählt was sie an Unglaublichem erfahren hätte, als sie damals bei so einer öffentlichen Sitzung war. Alles hätte bis ins kleinste Detail gestimmt. So wären sie beide heute hier, in der Hoffnung, etwas vom verstorbenen Vater der jungen Dame zu erfahren, da die Mutter von ihr mit dem Tod des Vaters einfach nicht klarkäme.

Als wir schließlich den Raum betraten, saßen die Menschen in dichten Stuhlreihen hintereinander, ganz geordnet und still flüsternd.

Margret begann zu sprechen, Christa übersetzte. Sie teilte uns mit, sie könne leider überhaupt nicht beeinflussen, welche gegangene Seele sich melden würde. Es könne also sein, daß manche enttäuscht wieder nach Hause gehen müßten, aber sie sollten dann nicht enttäuscht sein, vielleicht würde es ja ein anderes Mal klappen. Mir war das in diesem Moment eigentlich völlig egal, da ich ja wußte in ein paar Tagen hab' ich sowieso einen Einzeltermin. Heute wollte ich sehen, wie so etwas abläuft, und vielleicht wäre ja dann eine Nachricht für mich dabei, wenn nicht, auch gut. Stephan war zu diesem Zeitpunkt noch nicht soweit gewesen, denn sonst wäre er ja mitgefahren. Der Saal war mittlerweile ziemlich voll. Mir fiel auf, daß es nicht etwa junge, esoterisch wirkende Personen waren, die da saßen. Hier saßen fast nur Menschen über vierzig Jahre, hauptsächlich Ehepaare, die aussahen, als kämen sie eher vom Land als aus der Stadt. Eher sehr konservativ. Diesen Leuten hätte ich auf keinen Fall zugetraut, daß sie ans Jenseits glauben. Margret erklärte dann auf englisch, Christa K. übersetzte, daß sie niemanden Bestimmten rufen könne, sie könne nur weitergeben, was ihr von der anderen Seite gesagt werde.

So sagte sie ziemlich am Anfang zu einer Dame in der Mitte der Reihen, bei ihr, also bei dieser Dame, würde ein junger Mann stehen, Jürgen wäre sein Name, und sie fing an, ihn optisch zu beschreiben. Ob sie denn mit diesem Namen etwas anfangen könne, und die Dame nickte ganz schüchtern. So sagte ihr Margret, daß dieser junge Mann mit 28 Jahren freiwillig gegangen wäre und daß es ihm leid täte, daß er ihr nicht gesagt hätte, warum. Sie solle jedoch nach Hause gehen, denn da hätte sie seine Bücher nach zwölf Jahren immer noch verwahrt, und in einem dieser Bücher werde sie einen handgeschriebenen Brief von ihm finden, in dem er alles erklärt hätte. Sie solle nicht mehr traurig sein und wieder am Leben teilhaben, denn ihm würde es gut gehen, und er würde jetzt seine Studien fortsetzten, die er auf Erden begonnen hätte. Die Frau weinte, und alle um uns herum hatten Tränen für diese Frau in den Augen.

Es war sehr, sehr beeindruckend. So ging es ohne Pause den ganzen Abend. Sie sprach zu einem Ehepaar, das mittlerweile sogar zwei Kinder auf tragische Weise verloren hatte, und teilte ihnen mit, daß das dritte Kind, das noch lebte, unbedingt Musikunterricht erhalten solle, denn sie wüßten dies zwar, aber sie sollten das Mädchen unbedingt fördern. Kürzlich hätte das Kind ja auch in der Schule einen Preis erhalten, das Ehepaar nickte wieder und sie erzählte ihnen auch Details von ihren verstorbenen Kindern und daß sie besondere Vorkommnisse wie zum Beispiel den Geburtstag beider Eltern am soundsovielten immer mitfeiern würden. Alles wurden von den Leuten bejaht.

Ein paarmal wußten Menschen die angesprochen wurden, nicht gleich, wer sich da aus dem Jenseits meldete, denn manchmal war es auch die Großmutter die schon gestorben war, als das Kind noch ein Säugling war, aber anhand des

Namens, der immer genannt wurde und anhand der Todesursache und verschiedener persönlicher Merkmale, die auch immer genannt wurde, wurden sie immer erkannt. Manche Menschen in diesem Saal wurden auch gerügt, sie sollen endlich ihren Hintern heben, und etwas bewegen und endlich ein bestimmtes Hobby, eine bestimmte Leidenschaft, die sie hatten, zum Beruf machen. Dabei ging sie immer ins Detail. So erzählte sie einer Zuhörerin auch, daß neben ihr eine Frau stehen würde. Margret erzählte ihr, wie diese Frau aussah, die immer an ihr rumzupft, sie würde ihr die Haare schön richten, am Kleid zupfen und so weiter. Sie berichtete der Frau, daß ihre Mutter wie sie sich dann zu erkennen gab an Krebs gestorben war und daß diese Frau ihre Mutter bis zuletzt gepflegt hatte. Die Verstorbene hätte aber zu Lebzeiten immer nur mit ihr geschimpft beziehungsweise es nie anerkannt was ihre Tochter für ein lieber, fürsorglicher Mensch war, daß sie nie etwas anerkannt hätte was die Tochter machte. Sie hätte, sie auch immer unterdrückt, und dafür wollte sie sich unbedingt entschuldigen. Sie wäre jetzt so stolz auf sie, sie hätte es in ihrem Leben nur nicht zeigen können, aber sie würde sie sehr lieben. Auch diese Frau bestätigte, daß alles stimmte, was man ihr sagte.

Ich war absolut fasziniert, und obwohl ich zuerst dachte, es wäre mir heute egal, wenn ich keine Nachricht erhalte, so war ich am Schluß doch traurig, daß für mich nichts dabeigewesen war. Jedoch, ich brauchte nur ein wenig Geduld bis zum 19. April. Irgendwie, dachte ich mir, wäre es ja sowieso ungerecht, wenn Alex sich hier vordrängen würde, wo doch so viele Menschen hier hoffen, daß ein Zeichen ihrer Liebsten kommt, und wenn sie eh weiß, daß sie in ein paar Tagen mit mir sprechen kann, dann wird sie sich schon anstrengen, um zu mir durchzudringen. Sie mußte einfach durchkommen, hatte sie doch die letzten Monate so wahnsinnig viel Energie aufgewendet, um sich bemerkbar zu machen. Ich wußte einfach, das sollte so sein.

Zu Hause angekommen, erzählte ich Stephan gleich, was da vor sich gegangen wäre und daß man so eine Stimmung in so einem Raum auch fast nicht beschreiben kann. Ich dachte mir, vielleicht nimmt ja doch er den Termin bei Margret wahr, Alex war ja schließlich seine Frau. Aber er meinte nur, wenn ich diesen Anruf erhalten hätte und ich immer meine sie wolle dir etwas sagen, dann sollte ich auch dorthin gehen. Da mußte ich ihm zustimmen. Ich versprach ihm allerdings, daß ich alles auf Kassette aufnehmen lassen werde und ihm diese mitbringe, dann könne er selbst entscheiden ob er es hören will oder nicht. Damit war er dann schließlich einverstanden.

Die Nacht davor, ich konnte schon kaum mehr schlafen, so aufgeregt war ich. Gedanken kreisten in meinem Kopf, was ich wohl erfahren werde. Insgeheim dachte ich jedoch, sie wird mir wahrscheinlich sagen, wie ich mit Stephan reden sollte und was er tun soll, um sein Leben wieder in den Griff zu kriegen. Ich erwartete also eigentlich, in meinen Handlungen bestärkt zu werden. Was ich erhielt, war jedoch etwas völlig anderes.

Sandra wollte unbedingt mitgehen. Ich dachte mir, o.k., wenn es dem Kind hilft, dann werde ich sie mitnehmen. Sie ist so ein intelligentes, feinfühliges Kind, das genau weiß, wenn sie für etwas nicht stark genug ist. Das ist jetzt wichtig für den Seelenzustand meiner Tochter, damit sie wieder ein fröhliches Kind sein kann, das nach vorne schaut. Ich hoffte, allein wenn sie Alex hört und daß es ihr gutgeht, daß sie noch da ist, dann wird alles gut.

So trafen wir uns also im Haus von Christa K., die noch das Bedürfnis hatte, uns vorher zu sagen, daß es keine Garantie dafür gäbe, daß eine bestimmte Person durchkommt. Vor allen Dingen wäre es natürlich sehr unwahrscheinlich, daß Alex sich meldet. Wenn jemand stirbt, würde es in der Regel doch einige Jahre dauern, bis sie auf diesem Weg Kontakt suchen, und meist nur, wenn es etwas ganz Wichtiges zu sagen gibt. Margret teilte uns noch gleich am Anfang mit, daß wir nichts sagen sollten, nur nicken, wenn sie recht hätte, oder den Kopf schütteln, wenn sie Unrecht hätte. Christa war dabei, um zu übersetzen, allerdings meinten wir, wir bräuchten dies nicht die ganze Zeit, da unser Englisch eigentlich recht gut wäre. Wir hatten ja Margret schon mal bei der letzten Veranstaltung gehört und wußten sie sprach astreines Englisch.

Wir setzten uns also hin, und Margret ging ein wenig in sich. Nach schon sehr kurzer Zeit meinte sie, da wäre ein stattlicher Mann neben mir, der einen Schnauzbart hätte und dunkles Haar. Sofort mußte ich an meinen Vater denken. Allerdings als sie sagte, er wäre schon sehr, sehr lange gegangen und würde mich stets begleiten, wußte ich, mein Vater war es nicht. So erzählte sie dann, daß dieser Mann, der Vater väterlicherseits, also mein Opa, an einer Lungenentzündung gestorben wäre und daß er ein sehr langes, arbeitsreiches, erfülltes Leben gehabt hätte. Was absolut stimmte, er war ja 94 Jahre geworden, und daß ich bei ihm gewesen wäre, als er ging. Das stimmte auch. Er wolle mir sagen, daß er sehr stolz auf mich sei, da ich die letzten kummervollen Jahre, die Höhen und Tiefen, die wie eine rauhe See gewesen wären, so gut bewältigt hätte und gestärkt daraus hervorgegangen wäre. Und so sagte sie auch, daß mir mein Großvater jemanden mitgebracht hätte.

Margret sagte, hier stünde nun auch eine junge Frau. Eine Frau, die in Verbindung zu meinem Sohn stünde. Sie wäre seine Frau und wäre so plötzlich aus dem Leben gerissen worden. Sie hätte sich immer noch nicht wirklich zurechtgefunden in ihrem neuen Leben, und sie hätte lange auch nicht begriffen warum. *Aber es wäre ihr erlaubt worden, früher zu gehen!!*

Sandra und mir liefen die Tränen wie Sturzbäche herunter. Das war so ein bewegender Moment, den man wieder kaum in Worte fassen kann. Mein Herz klopfte schneller, und ausgesprochen nervös war ich auch. Sie sagte, sie wolle sich bei mir bedanken. Dafür, daß ich sie in mein Haus als junges Mädchen aufgenommen hatte, und ihr eine Familie gegeben habe. Sie würde jetzt viel an unserem Leben teilhaben, und dadurch, daß wir alle Rätsel gelöst hätten, hätte auch sie, da, wo sie jetzt wäre, viel begriffen. Margret berichtete, daß Alex ihr sagte, ich wäre vor ganz kurzer Zeit an ihrem Grab gewesen und hätte einen frischen Strauß Blumen hingebracht, da hatte sie mich in den Arm genommen, weil auch sie anwesend war. (Genau zwei Tage vorher war ich wieder einmal am Grab gewesen, um einen Strauß frischer Blumen zu bringen.) Margret sagte auch, daß Alex kürzlich bei der Geburtstagsfeier dabeigewesen wäre, aber alle wären wir so traurig gewesen. Stimmte auch, denn Stephan hatte am 27. März Geburtstag. Gut zwei Wochen vorher. Dann erzählte Margret, warum Alex unbedingt zu mir sprechen wollte und sie sagte sehr eindringlich und mit ernster Stimme zu mir: »*Hör auf zu sagen, du sollst.*«

Stephan steht noch voll unter Schock, er hat noch überhaupt nicht realisiert, was hier passiert ist. Er hat eine Mauer um sich herum aufgebaut, und nur sie weiß, wie es dahinter aussieht. Er ist so zornig, er ist so wütend, so verhaßt in seinem Inneren. Er kann es im Moment überhaupt nicht ertragen, auch noch Druck zu bekommen. Er muß überhaupt erst mal in die Phase der Trauer kommen. In der ist er noch gar nicht. Er braucht noch viel Zeit, um seine Emotionen zu durchleben. Er wird jetzt überhaupt erst in die Trauerphase kommen und danach in eine Phase der Achterbahn. Er wird noch viele Dinge tun, die wir nicht verstehen können, sie aber schon. Wir müssen nicht wissen, warum er manche Dinge tut, wir sollen ihn einfach nur lassen. Sie weiß wie es in ihm aussieht, und sie wüßte auch, daß er im Moment nur einen Gedanken hat. Er will zu ihr, will weg aus diesem Leben und überlegt, wie. Seine Sehnsucht ist so groß. Sie sagte, sie weiß, daß er nicht mehr in dieser Welt bleiben will, aber das darf er nicht! Er hätte noch viel zu erledigen, zu bewältigen und daraus zu wachsen. Er würde alles bekommen, was er braucht, um wieder glücklich zu sein, dafür würde sie schon sorgen. Auch eine neue Frau wird an seiner Seite sein, eine brünette Frau, und er wird Kinder haben und ein guter Vater sein, und das wäre gut so. Ich solle ihm sagen, er solle seinen Blick nach vorne richten und nicht zurück. Aber er darf jetzt noch nicht gehen! Bis zum Jahresende wird alles einigermaßen wieder im Lot sein. Das soll ich ihm sagen, aber er soll nicht aufgeben. Sie würde ihm helfen, wo sie nur kann, und bei ihm sein und ihm das auch zeigen. Das einzige, was ich als Mutter tun könne, sei, ihm zuzuhören und mit ihm zu reden und für ihn da zu sein, denn das bräuchte er dringend. Aber keinen Druck, kein *du sollst*. Wir alle hätten keine Ahnung, wie er leidet. Sie aber fühle es. Sie sprach fast eine halbe Stunde allein zu mir über Stephan und was ich ihm noch an Privatem sagen sollte.

Dann sprach sie zu Sandra: »Kleine Schwester (und wieder konnte Sandra ihre Tränen nicht halten), ich bin doch da. Du bist ein alter Kopf auf jungen Schultern. Du hast schon so oft gelebt, du verstehst das. Du weißt, daß wir uns wiedersehen. Ich bin oft bei dir, wenn du mein Bild in die Hand nimmst und es ansiehst oder wenn du an mich denkst. Ich streichle dich oft und nehme dich in den Arm, spürst du das«, und Sandra bejahte. Kürzlich hatte sie mir erst erzählt, daß sie in der Schule im Religionsunterricht gesessen und gespürt hätte, wie Alex ihre Hand gestreichelt hat. Genau auf die Art, auf die sie es vorher immer getan hat, wie wenn jemand nur mit dem Daumen relativ schnell immer über den Handrücken streichelt. Genauso hatte Alex das immer gemacht. Sie sagte Sandra noch, daß sie das große Glück hätte, eine Mutter zu haben, mit der sie über alles sprechen kann, nicht so wie sie, und die sie verstehen würde, die fühlen würde, wie es ihr geht. Sie solle auch in Zukunft alles was sie bedrückt, ihrer Mutter mitteilen, denn die wäre ihr gleichzeitig auch die beste Freundin.

Dann sagte sie zu Sandra noch: »Ich habe dir auch jemanden mitgebracht den du sehr liebst!« Sandra lächelte, denn sie wußte sofort, wer sich hier bemerkbar machen wollte. Die Beschreibung paßte haargenau, sogar das schelmische Lächeln das er immer hatte, wurde beschrieben, es war ihr innigst geliebter Opa, der Vater väterlicherseits, der vor circa sieben Jahren an einem Tumor in der Lunge gestorben war. Auch dieses Detail hatte sie beschrieben, damit er erkannt wurde. Beispielsweise sagte Margret ihr, daß Opa gesagt hätte, daß er dabeigewesen wäre, als sie das Bild, das neben dem Computer stehen würde, geschmückt hätte. Auch das stimmte wieder, denn Sandra hatte es mit lauter roten Herzen verziert. Kleine Details, die aber sehr aussagekräftig waren. Er ermunterte sie in Sachen Schule und daß sie positiv denken und ihren Blick nach vorne richten solle. Ihm würde es gutgehen und er würde auch in Zukunft stets auf sie aufpassen. In tiefer Liebe verabschiedete er sich wie auch vorhin unsere Alex.

Als wir das Haus verließen, waren wir fix und alle, das war sehr außergewöhnlich, beeindruckend und auch sehr traurig und dann doch wieder schön gewesen. Das brauchte Zeit dies zu verarbeiten.

Zu Hause angekommen, rief ich sofort Stephan an, ich hätte da die Kassette von Margret und ob er sie hören wolle. Er wollte. So gingen wir in unsere Raucherkammer, und er hörte sich das alles an. Daß er mir nicht zusammenbrach, das war schon alles. Er weinte und weinte, ich dachte schon, jetzt hatte ich einen Fehler gemacht. Aber er meinte nur: »siehst du, Mam, immer war ich derjenige, der sie angeschubst hat und der ihr Mut zugesprochen hat, und jetzt ist sie diejenige, die mich aufbaut. Sie kennt mich in- und auswendig und sie hat recht mit jedem Wort, das sie gesagt hat. Es stimmt, ich hab die ganze Zeit überlegt, ob ich auch gehen sollte. Sie fehlt mir so. Der Druck, den ich jetzt auch noch von außen bekommen habe, das war mir einfach zu viel. Ich dachte mir die letzten Wochen immer, was soll das Ganze, was soll dieses sogenannte Leben, ich mag einfach nicht mehr. Wie soll ich in meinem Leben je wieder etwas auf die Reihe kriegen, wie soll ich je wieder positiv denken können? Wie soll ich je in meinem Leben wieder Lust auf irgend etwas verspüren? Jedoch sie hilft mir, sie zeigt mir jetzt immer noch eine so große Liebe. Sie unternimmt alles mögliche, damit es mir, sofern man das in so einer Lage sagen kann, gutgeht. Sieh hat so recht, wenn sie sagt, ich hatte jetzt Mauern um mich herum aufgebaut. Jetzt, da ich Sie hören kann, weiß ich, daß ich noch nicht gehen darf. Sie sagt ja, es wird alles wieder gut. Auch wenn sie es heute nur von der geistigen Welt aus sehen kann, so hat sie wieder einmal beobachten können, daß ich meine Hürde genommen hab'. Meine Alex und ich, wir haben schon immer daran geglaubt, daß der Tod nicht das Ende, sondern nur eine Filmrolle im Leben einer Seele ist. Ich hatte jedoch keine Ahnung wie sehr mir der Glaube an so etwas durch Ereignisse und Situationen wie diese noch einmal helfen würde.«

Und er weinte und weinte, während er dies alles sagte, aber ich spürte, es tut ihm gut, sich jetzt auszuweinen, und ich spürte, das Gehörte tat ihm letztendlich doch sehr gut. Es baute ihn seelisch und moralisch auf. – »Danke,Alex, danke, danke, danke!!« dachte ich mir immer wieder.

## Kapitel 7

# Eine neue Zukunft

Ab diesem Zeitpunkt war mein Sohn wieder hoffnungs-
voll, es hatte ihm mehr geholfen, als ich mir je erdacht hatte.
Seine Redensarten wurden anders. Er war fasziniert von
dem, was er da auf dieser Kassette gehört hatte und hörte
sie sich auch immer wieder an. Die vorher nur traurigen
Gespräche wurden weniger, und sein Gesichtsausdruck
wahr nicht mehr kalt. Bis eine neue Welle der Trauer kam.
Aber Margret hatte ja gesagt, die Achterbahn der Gefühle
kommt gewiß, und sie stünde ihm noch bevor. So war es
dann auch, aber ich konnte besser damit umgehen, da ich ja
erfahren hatte, das wäre normal so, das gehöre einfach zur
Trauerphase. An einem Tag sehr positiv, am nächsten Tag
trübsinnig, depressiv. Ich konnte nie abschätzen, wie wohl
der nächste Tag sein wird. Teilweise änderte sich seine
Stimmung stundenweise. Mehr und mehr wollte er aber
mittlerweile die Vergangenheit hinter sich lassen. Eines
Tages fing er an, sich von der Kleidung die Alex gehörte, zu
trennen, dann fing er an, die Bücher, die sie so gerne mochte, an Bekannte zu verschenken. Mir lief Gänsehaut über
den Rücken, wenn ich das nur hörte. Auf der anderen Seite
zeigte ich Stärke und gab ihm das Gefühl, wenn er dachte,
das wäre das richtige dann solle er es tun. Auf keinen Fall
wollte ich auch nur irgendwie den kleinsten Druck mehr
auf ihn ausüben. Ich hatte ja schließlich meine Moral-
predigt erhalten. Ich ließ ihn einfach handeln, ohne zu beurteilen. Ende April sollte er nun wieder in die Kaserne kommen, um zu arbeiten. Das war wieder ein Tiefschlag, denn
für ihn hieß das, nicht mehr hier zu sein, bei den Menschen,

mit denen er reden konnte. In der Kaserne waren seine besten Kumpels entweder im Auslandseinsatz oder in Urlaub. Die Abende waren für ihn wieder ein Graus. Allein und ohne Gespräche mit viel zuviel Zeit zum Nachdenken. Eine Zeit, die ihm sehr schadete. Jedesmal wenn er nach Hause kam, brauchte es eine Weile, bis seine Stimmung wieder besser wurde. Er ließ nichts unversucht, um zumindest teilweise von der Arbeit befreit zu werden, ging zum Bundeswehrarzt, zur Bundeswehrpsychologin, und schließlich wurde er nur noch von Montag mit einschließlich Mittwoch einberufen. In seiner Freizeit versuchte er nun, den alten Passat, der ja nunmehr sein Auto war, aufzumöbeln, damit er noch lange hielt, denn dies war ja sein Erbstück, etwas, in dem noch die Energie von Alex steckte, da sie ja täglich mit diesem Auto unterwegs gewesen war. Zur Familie von Alex hatte er auf der Beerdigung, trotz der Funkstille, die sie jahrelang gehabt hatten, sogar noch gesagt, sie könnten sich jederzeit persönliche Dinge von ihr holen. So hatten sie beispielsweise ja nicht einmal Photos der letzten Jahre von Alex, wußten nicht einmal, wie sie zuletzt ausgesehen hatte. Auch ihre Schwester könnte sich, wenn sie möchte, gerne persönliche Gegenstände von ihr holen. Bis heute hat sich niemand gemeldet und irgendein Interesse an persönlichen Dingen gezeigt. Da ich selbst, mein Sohn und meine Mutter jede Woche immer jeder frische Blumen ans Grab bringen, wüßten wir auch, wenn irgendwann von jemand anderem Blumen dagestanden hätten. Wir haben uns immer untereinander abgesprochen, aber bis heute außer einmal ein Strauß der Arbeitskolleginnen, hat niemand welche gebracht. Sehr traurig. Nur denke ich, daß ihre Familie einfach nicht in der Lage ist, Liebe zu empfinden, geschweige denn, welche zu geben, und deshalb wird sie ihnen vergeben, da sie halt nicht anders konnten. Ich persönlich empfinde für solche Menschen eigentlich nur Mitleid.

Man sagt: Zeit heilt Wunden. Das stimmt auch, denn es wurde etwas leichter, sowohl für Stephan als auch für Sandra. Allerdings wurde zunehmend klar, daß die durch den Schock unterdrückten Gefühle nunmehr manchmal herauskamen. So bekam er zum Beispiel jedesmal wenn er ein Polizeiauto sah, erhöhten Herzschlag, Juckreiz am Körper, unglaubliche Nervosität aus lauter Angst, die könnten wieder zu ihm kommen. Nachts bekam er Hitzewallungen, wieder Juckreiz und diverse nervliche Störungen. Sein Körper verarbeitete nunmehr also ganz langsam, was ihm auf einmal zuviel geworden war. So plagte ihn der Gedanke, daß er auch gar nicht wisse, wie er seine Zukunft bewältigen könne mit dieser Verlustangst. Er meinte:»weißt du Mam, stell dir vor, ich hab irgendwann wieder eine Frau, und dann kommen diese Ängste hoch, daß sie mir wieder jemand wegnehmen könnte, dann fang ich doch an zu klammern, und wenn ich das mache, macht sich ja jede Frau von selbst aus dem Staub. Ich weiß nicht, wie ich das jemals wieder in den Griff kriegen kann!« Ich meinte nur, bis dahin würde ja noch viel Zeit vergehen, und somit würde dieses Gefühl wahrscheinlich irgendwann auch wieder besser werden oder vergehen. Aber zunehmend bekam er Angst, und das teilte er mir auch mit. Er wollte inzwischen am liebsten gar nicht mehr in seine Wohnung, die kam ihm mittlerweile erdrückend und unheimlich vor, und trug viel dazu bei seine Stimmung eher zu verschlechtern, als zu verbessern. Zunehmend hatte er auch Existenzängste bezüglich seiner Arbeit. Er wollte sein Leben ja selbst wieder im Griff haben, ohne von jemandem abhängig zu sein. Abhängigkeit in jeglicher Form war für ihn immer schon fürchterlich. Jedoch ein neuer Arbeitgeber war bisher nicht in Sicht. Zeichen von Alex gab es nur mehr sehr selten, und es wurden immer weniger. Meine Gedanken wurden durch die Angstzustände meines Sohnes jedoch langsam auch wieder negativer. Die Angst übertrug sich langsam auch wieder auf mich und bereitete mir schlaflose Nächte. Mir wurde erst langsam richtig bewußt, was dieser junge Kerl alles hatte durchleben müssen. Er hatte in einer sehr kurzen Zeit seine Frau und seinen besten Kumpel gleichzeitig verloren sowie bald keine Arbeit mehr, und ein Wohnungswechsel stand irgendwann auch an, sein Auto hatte er auch nicht mehr, ein neuer Arbeitgeber mußte erst gefunden werden, und an eine neue große Liebe glaubte er verständlicherweise nicht mehr, auch wenn ihm Alex etwas anderes mitgeteilt hatte.

Seit ich am 19. April bei Margret gewesen war, wurde ich bis vor kurzem nicht mehr nachts um ein Uhr geweckt. So war also das, was sie bei Margret zu mir sprach, der Grund gewesen, mich nächtlich zu erinnern, so nach dem Motto: »Du, ich muß dir dringend was sagen!« Schade irgendwie, daß die Zeichen nur mehr sehr wenig vorkamen. Wenn ich im Auto alleine unterwegs war, sprach ich beinahe zu jeder Gelegenheit zu Alex, auch wenn ich derzeit keine Antwort bekam:

*»Alex, du hast doch gesagt du hilfst ihm. Er braucht eine neue Wohnung. Er ist aber im Moment noch zu emotional mit dieser alten Wohnung verbunden. Die alte Wohnung mag er nicht mehr, eine neue will er nicht zulassen. Wahrscheinlich ist das für ihn wieder ein Prozeß des Loslassens, den er im Moment aber noch verweigert. Aber ich weiß, es tut ihm nicht gut, in dieser Wohnung zu bleiben. Wir brauchen irgend etwas, was ihm sofort gefällt, und vor allen Dingen etwas, was ihn die nächsten Monate beschäftigt!*« Immer und immer wieder bat ich sie doch Hinweise zu schicken.

Anfang Mai wurden in unserem Immobilienbüro innerhalb von 14 Tagen gleich zwei Reihenhäuser zu einem Spottpreis angeboten. Einem Preis, der unter 100 000 Euro lag, was für unsere Stadt wirklich extrem selten war. Seit mehreren Jahren hatten wir kein so günstiges Haus mehr anzubieten und jetzt gleich zwei zur Auswahl. Eines der beiden Häuschen war wie ein Geschenk des Himmels. So nahmen meine Mutter und ich ihn unter einem Vorwand mit zu einem dieser Häuser und siehe da, er betrat es und fühlte sich sofort wohl. Umgehend begannen wir zu rechnen. Jetzt hatte er die Gelegenheit,sich etwas Eigenes zu schaffen, aus eigener Kraft, ohne abhängig zu sein. Das war wichtig daß ihm sein Ego nicht abhanden kam. Die Teilfinanzierung kostete ihn genausoviel wie vorher die Miete. Das war zu schaffen, da er nur den Kaufpreis und die Fenster bezahlen mußte. Für die Kosten der Renovierung mit Ausnahme der Eigenbeteiligung kamen wir als Familie auf. Zusätzlich hatte er eine Beschäftigung für die nächsten Monate. Das Haus brauchte dringend neue Fenster, neue Böden, neue Türen, eine neue Haustüre, das Bad war winzig und uralt, das WC war aus den 60er Jahren und er mußte circa zwei Zentimeter Putz und alte Tapeten einschließlich Öl und Leimfarbe von den Wänden spachteln, und die uralten Türrahmen mußten komplett abgeschliffen werden. Stück für Stück hatte er die nächsten Wochen mühsam den Putz abzuspachteln. Eine scheußliche Arbeit. Von allen Wänden und von den Zimmerdecken auch. Das dauert, und somit war er pausenlos beschäftigt. Ein idealer Zustand, da er damit für die nächste Zeit erst einmal das neue Heim und die viele Arbeit im Kopf hatte und nicht die Gedanken auf seine Trauer richtete. So konnte er dann sehen, wie sich binnen zweier Monate dieses alte Haus in ein Schmuckstück verwandelte. Es war hell und lichtdurchflutet, hatte keine Schwere, war nicht allzu groß mit seinen gerade mal 98 Quadratmetern, also auch überschaubar zu pflegen. Als es Ende Juli wurde hatte er schon beschlossen jetzt schnellstmöglich aus den alten vier Wänden auszuziehen. So schnell hatte er sich aufgrund der Renovierungszeit moralisch von seiner alten Heimat getrennt. Den Tag des Umzugs konnte er schon gar nicht mehr erwarten. Hätte ich ehrlich gesagt nicht gedacht. Nur hatten die Nächte in sogar in letzter Zeit da er immer sehr müde nach Hause gekommen war, immer noch sehr geplagt. Jedoch, jetzt konnte er endlich anfangen, sich von alten Gegenständen zu trennen. Da gab es viele Dinge in der Wohnung, sogenannte Ziergegenstände, die er im neuen Heim nicht mehr haben wollte. Einige Bilder wollte er nicht mehr aufhängen, um abschließen zu können, aber an jedem einzelnen Gegenstand hängen Emotionen und Erinnerungen, und all das hinter sich zu lassen, ist sehr schwer. Das kostete ihn auch Kraft, dieses »Loslassen-müssen«, aber im Endeffekt war es wichtig, um sich nach vorne orientieren zu können. Ende Juli, Anfang August war ich jede freie Minute in seinem Haus und tünchte es in den fröhlichsten Farben, damit ihm immer, wenn er das Haus betrat, sein Herz aufging. Das war mein Wunsch. Es sollte keinerlei Traurigkeit vermitteln, sondern Mittelpunkt für Freude, Lachen, Spaß und Kommunikation werden. Als es fertig war, war ich sehr zufrieden mit der Ausstrahlung dieses alten Häuschens und Stephan auch. Hier würde sein Frohsinn, soweit in dieser Situation überhaupt möglich, bestimmt bald wieder einkehren.

Komisch war, daß ich in der Zwischenzeit »zufällig« jetzt öfter Kunden hatte, die gerade jemanden durch Tod verloren hatten. Durch die Erlebnisse der letzten Monate hatte ich in diesen Fällen anscheinend die richtigen Worte für diese Menschen, und zu zwei Personen habe ich nach wie vor Kontakt, da sie mich immer anrufen, wenn sie mal in ein Tief fallen. So hat unser eigener Trauerfall zumindest etwas für sich, wir können andere Personen trösten, die sonst niemanden haben, mit dem sie über dieses Thema sprechen können.

Bei unseren gemeinsamen Arbeiten führten Stephan und ich nunmehr immer sehr tiefgehende Gespräche über seine Zukunft, über seine Wünsche an die Zukunft und natürlich auch über seine Arbeit, da er ja nach wie vor keine neue Arbeitsstelle hatte. Das Arbeitsverhältnis mit der Bundeswehr endete zum 3. Oktober. Viel Zeit hatten wir also nicht mehr. Ein wenig bekam ich es schon mit der Angst zu tun, da ich mir dachte, wenn er dann vielleicht arbeitslos zu Hause sitzt, verfällt er in die alte Trauer, und das mußte unbedingt verhindert werden. Natürlich wäre eine leichte Erklärung hier, er hätte ja in unserer Firma anfangen können, zu arbeiten, nur das wollte er nie. Schon als kleines Kind hatte er immer gesagt, daß mein Beruf wirklich der letzte wäre, den er ausüben würde. Dadurch daß er viel bei mir im Büro und bei meinen Terminen dabei war, hatte er auch die vielen Negativseiten dieses Berufs kennengelernt: immer telefonisch erreichbar sein, am Wochenende und auch abends, wenn andere frei haben, arbeiten. Also ergriff er damals eine völlig andere berufliche Schiene und somit konnten wir ihm jetzt auch beruflicherseits nicht helfen.

Eines Abends, Anfang August, waren mein Mann, ich und die Kinder bei Bekannten in unserem Ort eingeladen. Da der Sohn meines Mannes gegen elf Uhr unbedingt nach Hause wollte, und es waren ja nur circa 300 Meter zu Fuß, begleitete ich ihn. Während wir durch die dunklen Straßen gingen, bemerkte ich, was für einen wunderschönen Sternenhimmel wir hatten, und sprach mit Dominik darüber. Als ich wieder zurückging nahm ich den dunkleren Weg am Feld entlang, ohne Straßenlaternen, da man dann die Sterne besser leuchten sehen konnte. Auf einmal hatte ich das dringende Bedürfnis stehenzubleiben um die Sterne noch genauer ansehen zu können. Fasziniert vom Leuchten der Sterne streckte ich meinen Kopf richtig weit nach hinten und sprach zum Himmel:

*»Lieber Gott, ich danke dir und all deinen Helfern und ganz*
*besonders auch dir Alex, da ich weiß, daß du uns beobachtest, daß*
*ihr meinem Stephan so geholfen habt, daß es ihm mittlerweile*
*ganz gut geht, daß er eine neue Heimat gefunden hat, um seine*
*Vergangenheit abschließen zu können. Danke, danke, danke!*
*Alex, ich weiß einfach, daß du mich jetzt auch hörst. Kannst du*
*ihm jetzt nicht auch noch helfen, daß er die zu ihm passende*
*Arbeit findet, bei der er sich wohl fühlt, die ihm auch Spaß macht*
*und bei der er genug verdient, um Leben zu können!«*
Genau in diesem Moment, ich hatte das gerade zu Ende
gesprochen, direkt vor mir am Himmel, rauschten eins,
zwei, drei Sternschnuppen, die nicht gerade klein waren,
über den nächtlichen Himmel. Ich war so überwältigt, so
berauscht, bekam eine Gänsehaut nach der anderen, und
die Tränen flossen nur so über mein Gesicht, so ein bewegender Augenblick. Es war ein Moment der Freude, der
Trauer und der Glückseligkeit, weil sie mich wieder einmal
gehört und auch prompt geantwortet hatte!
Langsam, aber immer noch ganz hin und weg, ging ich
wieder zu unseren Bekannten. Als wir nach Mitternacht
aufbrachen, gingen wir zu viert nach Hause. Wie vorhin
auch ich auf dem dunkleren Weg, da dieser kürzer war.
Währenddessen erzählte ich leise meiner Tochter und meinem Mann von diesem vorausgegangenen Erlebnis. So-
gleich sagte meine Tochter: «Oh Mann, ich hab' erst eine
einzige Sternschnuppe in meinem Leben gesehen. Alex,
kannst du mir nicht auch zeigen, daß du wieder da bist und
mir einen Gruß schicken?« Eine Sekunde verging vielleicht,
und schon rauschte eine große Sternschnuppe direkt vor
unseren Augen über den Himmel. Sandra war hellauf be-
geistert, überwältigt, und sie weinte vor Freude. »Mama,
hast du das auch gesehen, eine Sternschnuppe, nur für
mich, von Alex!« Ja, natürlich hatte ich sie auch gesehen, es
war wunderschön. Ich kann mir überhaupt nicht erklären,
wie so etwas funktionieren kann, ich weiß nur, daß es mög-

lich ist, ich hatte es ja gesehen und die anderen auch. Dieses Erlebnis wird sie nicht mehr vergessen, und in der Zwischenzeit haben wir oft über diesen wunderschönen Sternschnuppengruß gesprochen.

Schon in der nächsten Woche kam mein Sohn wieder einmal zu uns zum Essen, und er erzählte mir, er hätte sich erst diese Woche bei einer Firma, die nur zwei Kilometer von seinem neuen Wohnort entfernt ist, beworben, und er hätte bereits in drei Tagen ein Bewerbungsgespräch. Ganz euphorisch ging er dann zum vereinbarten Termin und der Chef der Firma, ein sehr sympathischer Mann, wie Stephan sagte, testete ihn in ein paar berufsbedingten Angelegenheiten und wollte ihm dann schon in zwei Tagen Bescheid geben. Ich fühlte mich wie in einem Traum, da mein Sohn so ein gutes Gefühl hatte, so ohne Zweifel, und weil dieser Firmenchef auch noch ausgesprochen nett und unkompliziert war. Es war nicht anders zu erwarten, er erhielt einen Arbeitsvertrag. Am 4. Oktober, also einen Tag nachdem er bei der Bundeswehr ausschied, konnte er bereits anfangen. Wunderbar! Noch ein Problem gelöst. Ich konnte es kaum fassen. Abends, als ich alleine war, setzte ich mich hin, zündete eine Kerze an und betete voller Dankbarkeit. Ich konnte mich gar nicht mehr einkriegen vor Freude. Für mich gab es auch hier keinen Zweifel, Alex hatte hier kräftig mitgewirkt und wundervolle Arbeit geleistet.
Jetzt hatte er also schon eine neue Wohnung, in der er sich wohl fühlte, und zusätzlich eine neue Arbeit. Die neue Zukunft konnte beginnen.
Ende August, bis dahin war es ziemlich ruhig, wollten mein Mann und ich zu einem Bürgerforum bei uns im Ort gehen. Nach einer Stunde circa sollte ich jedoch meinen Neffen aus einem Nachbardorf abholen und ins Eishockey fahren. Auf der Rückfahrt, meine Tochter war auch dabei, fingen wir an, uns über Alex zu unterhalten, ich weiß nicht mehr, was

der Grund dafür war. Es war auf jeden Fall circa 21 Uhr und draußen stockfinster, als sie, während wir auf der Bundesstraße fuhren, zu mir sagte:»Mama, ich glaube, wir sind jetzt gerade nicht alleine im Auto. Hinter dir sitzt jemand, ich weiß nicht, ob es Alex ist, aber ich weiß hinter dir sitzt jetzt jemand!« Darauf antwortete ich:»Also weißt du Schatzilein, du bist schon cool drauf, wenn du das jetzt zu jemand anderem gesagt hättest, der wäre vor lauter Schreck in den Straßengraben gefahren!« Dunkle Nacht, und meine Tochter sagt mir, im Auto sitzt noch jemand! Gänsehaut lief mir über den Rücken, denn komisch war das schon. Aber genau als ich eigentlich anfing, mich zu gruseln, begann im Radio wieder das Lied von Nelly Furtado « why do all good things come to an end«. Ihr Lied. Sofort wurden unsere Sitze warm und wärmer, und ich wußte, Sandra wußte, sie ist wieder da.

Während ich dieses Buch so schrieb, hatte ich immer wieder das Bedürfnis zu wissen, wie sich denn Menschen, die mit mir nicht verwandt sind und zu Alex keine Beziehung hatten, fühlen, wenn sie etwas aus diesem Buch lesen. Also hatte ich auch einer Kundin von mir eine 20-seitige Leseprobe aus dem Buch gegeben, mit der Bitte, sie möge sich das doch durchlesen und mir dann ganz ehrlich sagen, wie sie sich dann fühle. Ich hatte bewußt eine junge Kundin ausgesucht, die kürzlich ihren Mann verloren hatte. Sie kam, nachdem sie es gelesen hatte, zu mir ins Büro und meinte, sie müßte unbedingt schnellstens den Rest des Buches lesen, sie wäre so fasziniert von dem gewesen, was sie da gelesen hätte, denn jetzt wüßte sie vieles zu deuten. Allein die Passage mit der Musik, das würde ihr dauernd passieren, daß ihr Radio verrückt spielt, und plötzlich lauter wird. Sie hatte nur nie hingehört um den Text zu verstehen, sondern immer das Radio dann gleich wieder leise gedreht, weil sie meinte, das wäre ein technischer Fehler.

Das mit den Autositzen, auch das wäre ihr passiert. Sie wäre so froh, daß sie jetzt mehr wüßte und würde in Zukunft viel besser aufpassen, ob ihr Mann ihr noch mal Zeichen gibt. Ist es nicht schön, bereits hier zu erkennen, daß man den Menschen manchmal einfach nur auf die Sprünge helfen muß um umzudenken. Dieser Frau geht es jetzt auf jeden Fall viel besser als vorher, als sie meinte, ihr Mann liegt unter der Erde, und sie könne nie wieder mit ihm in Kommunikation treten. So sieht sie es jetzt gar nicht mehr, und das ist für mich selbst ein wundervoller Gedanke. Da kommt mir gerade der Vergleich in den Sinn, den ich mal vor langer Zeit gelesen habe, der sich aber gleich eingeprägt hat: Wenn wir uns Menschen, also Körper, Geist und Seele mit Wasser vergleichen, so ist der Körper vergleichbar mit einem Eiswürfel, den man anfassen und sehen und spüren kann. Der Geist ist vergleichbar mit dem getauten Eiswürfel, also Wasser. Die Seele ist das Wasser, wenn es als Wasserdampf für unser Auge unsichtbar, aber immer noch im Raum ist. Ein schöner Vergleich und leicht nachvollziehbar. Wir Menschen brauchen ja immer für alles eine reale, vorstellbare Erklärung, und ich denke, dieser Vergleich gelingt leicht.

## Kapitel 8

## Damit ihr mich versteht!

Seit diesem Zeitpunkt begannen die Weckrufe um ein Uhr nachts wieder. Nicht jede Nacht, aber so dreimal die Woche bestimmt. Jedesmal war ich sofort hellwach, schaute mich im Raum, der durch die Straßenlampe immer etwas erhellt ist, um, konnte aber nie etwas bemerken. Meiner Mutter, meinem Mann, meinem Sohn und Sandra erzählte ich natürlich, daß es anscheinend noch einmal etwas zu sagen gäbe. Ich aber wieder einmal nicht wüßte worum es geht.

In dieser Woche rief mich auch schon Christa K. an und fragte mich, ob ich für Oktober, wenn Margret wieder käme, mir nicht auch einen Termin hätte geben lassen. Ich antwortete, nein, denn ich wäre ja im April dran gewesen, und damals, als ich den Termin für April erst nicht kriegen sollte, hatte ich mir einen für Herbst 2008 geben lassen, nicht aber für 2007. Außerdem hätte ich ja im Frühjahr erfahren, was ich erfahren sollte. Gut, meinte sie, dann hätte sie sich getäuscht, sie hätte eigentlich auch gar keinen frei, aber sie hätte so ein Gefühl gehabt. Schon sehr verwunderlich, sie rief genau zu der Zeit wieder an, als ich um ein Uhr nachts wieder wach wurde. Sie mußte unheimlich feinfühlig sein, woher wüßte sie das sonst. In der nächsten Nacht wachte ich erneut um ein Uhr auf, obwohl ich bereits die Nacht vorher geweckt worden war.

Im Laufe des Vormittags rief mich Christa K. an und sagte: »Du wirst es jetzt nicht für möglich halten, aber mir hat gerade jemand einen Termin abgesagt. Da genügend Leute auf der Liste stehen, habe ich versucht, diese Kunden anzurufen, aber irgendwie klappt es nicht, diese Leute, egal, wen ich auch anrufe, zu erreichen. Kann es sein, daß du noch einmal einen Termin haben solltest?« Ich antwortete: »Eigentlich wollte ich nicht, denn ich weiß ja gar nicht was ich fragen sollte, aber wenn du jetzt schon so fragst, irgendwas ist im Moment los. Ich werde wieder nachts um ein Uhr geweckt, und das relativ regelmäßig. Jedesmal wenn ich ins Auto einsteige, läuft genau in dem Moment wieder ihr Lied, also, denke ich, hat Alex das Bedürfnis, uns noch etwas mitzuteilen, irgend etwas was ihr wichtig ist. Ich hab überhaupt keine Ahnung was, aber es wird wohl so sein, also nehme ich den freien Termin wahr, wenn ich schon die Gelegenheit dazu bekomme.«

In der Zwischenzeit häuften sich die merkwürdigen Begebenheiten, aber ich dachte mir nichts mehr dabei, denn ich hatte ja wieder eine »Audienz bei Alex« und merkwürdiger Weise kam mir in der Zwischenzeit immer wieder in den Sinn, daß es wohl um dieses Buch gehen wird.

Montag früh, den 9. Oktober, sagte meine Mutter zu mir, die eigentlich immer etwas Angst vor irgendwelchen Zeichen hat, sie müßte mir unbedingt etwas erzählen. Am Freitag abend ging es ihr plötzlich von einer Minute auf die andere sehr schlecht, ihr Herz raste, der Puls hüpfte rum, unregelmäßig, mal schnell, mal langsam, sie hatte richtige Panik und Schmerzen in der Herzgegend. Ich wußte ja, daß sie dieses Jahr bereits einen Stent (den kriegt man, wenn eine Ader am Herzen zumacht) am Herzen erhalten hatte. Zusätzlich war ihr aufgrund der vielen Aufregung nach der Operation noch das Herz einmal »gekippt«. Diesen Begriff hatte ich vorher noch nie gehört, aber so etwas passiert nicht sehr oft. Das ist beipielsweise gerne mal nach einem Schock der Fall. Damals war sie laut Professor gerade noch davongekommen da sie mit dem Defibrillator behandelt wurde. Das Herz war also von Haus aus schon in einem sehr schlechten Zustand. Aus diesem Grunde hatte sie auch richtige Angst, daß derartiges noch einmal passieren könnte. In ihrer Not setzte sie sich hin und betete und betete und sagte zu Alex inständig, sie hätte doch gesagt, daß sie sie als Omi doch so gerne gehabt hätte und sie als Omi wäre immer für sie dagewesen, sie möge ihr doch bitte, falls das möglich sei, ganz schnell helfen. Sie flehte richtiggehend darum, daß sie hier eingreifen sollte. Es war nicht anders zu erwarten, noch während des Gebetes, von einer Minute auf die andere, waren die Schmerzen, der Druck weg, und der Puls wurde ruhig und regelmäßig wie er sein sollte. Sie war erhört worden. Meine Mutter war so dankbar aber gleichzeitig auch so perplex über dieses Geschehen, daß sie sich erst sogar schämte, mir das zu erzählen.

In der Zwischenzeit war es Herbst geworden, und heute war der 11. Oktober, heute sollte ich erfahren, was der Grund für dieses Gespräch war. Ich hatte so die leise Ahnung, Alex wolle mir bestimmt irgendeinen Kommentar zu diesem Buch sagen, der wichtig war, vielleicht etwas für die Menschen im allgemeinen und sicher auch etwas, wie es ihr jetzt geht, dessen war ich mir inzwischen sehr sicher. Sandra hätte an diesem Donnerstag eigentlich in die Schule gehen müssen, aber wie es halt so ist, die Lehrer hatten genau heute ihren Lehrerwandertag und so konnte auch sie mitgehen.

Um neun Uhr morgens waren wir dann auch schon bei Christa und Margret. Wie auch beim letzten Mal sagte Margret, hier wäre wieder dieser alte, stattliche Herr. Erst dachte ich, mein Großvater, aber dann stellte sich heraus, es war der Großvater von Sandra. Sie sagte mir wie beim letzten Mal im April auch, er würde die ganze Zeit so schelmisch grinsen, aber dieses Grinsen hatte er auch zu Lebzeiten schon, so eine Art Markenzeichen. So teilte sie mir noch mit, er wäre sehr belesen und würde über sehr viel

Wissen verfügen, und so wisse er auch, daß ich viele Emotionen und Handlungen in meinem Leben erlebt habe, die ich heute nicht mehr nachvollziehen kann, daß diese Dinge aber für mein inneres Wachstum wichtig gewesen wären. Er wisse genau, wie oft ich gekämpft und nicht aufgegeben habe, wie schwer ich es auch hatte, gegen Normen zu handeln, und das wäre gut gewesen.

Jedoch derzeit würde ich an etwas völlig Neuem arbeiten, und er würde mich dauernd anschubsen, weiterzumachen. Er sehe mich in der Zukunft auf einer Bühne stehen, fast wie in einem Theater, und sehr bewegt einen Vortrag vor einer Menschenmenge halten. Ich hätte nunmehr, nachdem ich in meinem Leben diese viele Höhen und Tiefen erlebt und daraus gelernt hätte, etwas Neues, etwas völlig anderes angefangen, weil die Zeit gekommen ist, umzudenken. Die Menschen brauchen das heute ganz dringend. Die Menschheit braucht jemanden, der ihnen genau das mitteilt, was mich in letzter Zeit so bewegt hätte. Für mein eigenes Vorwärtskommen wäre das aber genauso wichtig wie für diese Menschen. Nämlich jene, die trauern oder jene, die in ihrer kleinen Welt feststecken und ihre Sinne nicht schärfen. Genau dieser Weg, den ich nunmehr eingeschlagen hatte, den sollte ich weitergehen, es wäre der richtige Weg. Ich hätte einen riesigen Schritt in meiner Entwicklung gemacht, und er bedauerte, daß er das früher nicht auch getan hatte, aber zu seiner Zeit wäre die Menschheit nicht so offen gewesen. Er sagte zu Sandra, diese Entwicklung sich im Leben auch auf die inneren Werte zu konzentrieren, offen zu sein für Neues und Menschen nicht einfach zu beurteilen, sondern zu hinterfragen, wäre auch für sie einmal sehr hilfreich. Jetzt aktuell noch nicht so sehr, jetzt wäre Schule und Ausbildung angesagt, aber wenn sie einmal in der Mitte ihres Lebens steht, dann würde das einmal sehr positiv für sie sein. Er meinte, wenn alle Menschen so wie wir denken und alle Eltern ihre Kinder so erziehen würden, hätten wir eine sehr friedliche, liebevolle Welt. Nur leider wäre das im Moment noch nicht so.

Es gibt auch Eltern, die ihre Kinder nur in die Welt setzen, sich keinerlei Gedanken über deren Seelenleben, über ihre Stärken und Schwächen machen. Sie bringen Kinder zur Welt und das war's. Leider ist das sehr oft der Fall und genau das führt dazu, daß in dieser neuen Welt die Familien so geschwächt sind, daß keine Harmonie mehr herrscht, weil die Kinder sich alleine fühlen und auch mit niemandem richtig sprechen können. Somit war er auch schon dabei, uns mitzuteilen daß meine Schwiegertochter auch hier wäre. Er hätte sie für uns mitgebracht. Folgendes hatte sie uns unbedingt mitzuteilen:

*»Ich bin hier um euch zu sagen, ich habe euch in eurer Trauer gesehen und deshalb ein schlechtes Gewissen gehabt, weil ich euch, meine neue Familie, in Stich gelassen, mich einfach davongeschlichen habe, und das hat mich traurig gemacht. Nur konnte ich dann auch zusehen, wie du mich und meine Emotionen, meinen Zustand der inneren Unruhe und meine Verletzlichkeit beschrieben hast. Aus diesem Grunde bin ich jetzt stolz, denn du hast ein sehr schönes Bild von mir geprägt und darüber bin ich sehr glücklich. In eurer Welt habe ich mich nicht schön gefunden, aber jetzt weiß ich, daß ich schön bin, schön nicht nur in meiner Persönlichkeit. Aber als ich noch in eurer Welt war, war mein psychischer Zustand geprägt von Auf und Ab, von glücklich bis sehr traurig in schnell wechselnden Abständen. Der Grund dafür war meine Kindheit. Ihr wart nicht dafür verantwortlich. Schon als ich noch als Baby im Mutterleib lag, nahm meine Kinderseele Schaden. Als kleines Kind und als ich auch schon ein bißchen älter war, fühlte ich mich nie zu jemandem gehörend. Ich gehörte einfach nirgends dazu. Da war keine Liebe, nirgendwo, nur Kälte und Gleichgültigkeit. Ich war absolut allein in meinem Herzen. Meine Seele war geprägt von Mißtrauen und Einsamkeit. Später*

*flüchtete ich mich in Träume, in eine irreale Welt, die schöner war, weil ich sie mir schön ausmalte. Die Liebe kam erst in mein Leben, als ich deinen Sohn, meinen Mann kennen lernte. Er hat mich lachen gelehrt, hat mich gelehrt zu vertrauen, hat mich genommen, wie ich war, mit meinem psychischen Leiden, und hat es klein werden lassen. Er hat mich in allem geliebt und hätte es nicht besser hinbekommen können. Mit ihm habe ich gleichzeitig euch, meine neue Familie, bekommen. Ich war nicht mehr allein, auch ich gehörte nun jemandem. Sogar zu einer ganzen Familie. Hier spürte ich, ich gehörte ganz einfach dazu, so ganz selbstverständlich, und da war Wärme. Ich konnte spüren, da war Liebe, einfach bedingungslose Liebe, ich wurde angenommen, so wie ich war. Das war, was ich wollte. Ich konnte fühlen, wie es ist, richtige Freude zu empfinden, zu lachen, unbeschwert zu sein. Dafür bin ich eurer Familie sehr dankbar. Nur meine Kindheit holte mich trotzdem in gewissen Phasen immer wieder ein. So wurden meine schönen Zeiten immer wieder unterbrochen von diesen Kindheitserinnerungen, dieser seelischen Einsamkeit meiner Kindertage, die mich immer und immer wieder in die Tiefe zogen. Ich habe versucht, dagegen anzukämpfen, aber es gelang mir nicht. Ich konnte es einfach nicht beeinflussen. Ich hatte das Glück, nun eine eigene, große Familie um mich herum zu haben, nur war die Seele bereits geprägt. So etwas geht nicht mehr weg, es bleibt, für immer. Es sitzt zu tief. Wenn ich mir nun meine eigene Familie ansehe, ist das schlimm. Ich bin traurig über sie selbst, weil sie keine Liebe in ihrem Leben haben, sie lenken ihre Aufmerksamkeit auf andere, unwichtige Dinge. Sie können weder wahre Liebe geben, noch Liebe empfinden, und das wird sich auch nicht ändern.*

*Aber ich möchte dir sagen, jetzt bin ich glücklich. Hier ist es schön, und hier geht es mir gut.*
*Von hier, da wo ich jetzt bin, war ich dabei, wenn du mit vielen Menschen über mich gesprochen hast, habe dir zugehört, habe euch zugehört, denn ich bin sehr oft bei euch, und ihr spürt das.*

*Nach der Verwirrtheit über mein Gehen war ich erst mal traurig, weil ich nichts hinterlassen habe von meiner Persönlichkeit, aber du verewigst mich jetzt, und somit habe ich etwas hinterlassen. Mit den Worten, die du in deinen Gesprächen und beim Niederschreiben gebraucht hast, hast Du mir sehr geholfen. Ich hätte es den Menschen die zu mir gehörten, jetzt nicht mehr erklären können.*

**Aber jetzt habe ich ein Vermächtnis.**

*Mit diesem Buch hilfst aber auch du dir selbst, meinem Mann sowie deiner Tochter, der ganzen Familie und vielen anderen Menschen, denn Schreiben ist gut, gut um Emotionen zu verarbeiten. Manchmal sind Menschen traurig und kommen aus dieser Phase nicht mehr von alleine heraus, und dann sehen sie ein Buch, in dem sie lesen, und dieses Buch hilft ihnen. Bücher die den Menschen Hoffnung vermitteln, lichtbringende Bücher, sind überhaupt sehr wichtig. Die Art und Weise, wie du mich, meinen inneren Zustand, meine Psyche, meine Gedanken beschrieben hast, waren genau so, wie sie stattgefunden haben. Ich habe dir geholfen die richtigen Worte zu finden, du hast das gefühlt, und du hast zugehört. Auch ich, wie andere in der geistigen Welt, habe dich angetrieben, es unter die Menschen zu bringen. Es gibt viele Menschen, die gegangen sind und zu den Hinterbliebenen sprechen, nur leider werden sie sehr oft nicht gehört, was sehr schade ist. Zu viele Menschen haben einen sehr kleinen Horizont, hören nicht zu, sind zu verstrickt in ihren Alltag und in unwichtigen Kleinigkeiten, aber du hast deinen Horizont erweitert und hast deine Wahrnehmungen genau analysiert, dich sehr bemüht, dich auf dein Gefühl verlassen, und du hast richtig gehört. Du weißt, anders als viele Menschen, daß nicht nur das Materielle zählt, sondern vielmehr die inneren Werte. Nun, da du deine Erkenntnisse den Menschen nahebringst, kann ich sogar von hier aus helfen. Ich kann etwas bewegen, und das ist schön. Ich sage dir, es wird vielen Menschen Hoffnung geben, die ohne Hilfe nicht mehr aus Ihrer Trauer finden würden, und somit war mein Gehen nicht umsonst. Dafür danke ich dir sehr. Ich möchte dir aber noch sagen, du wirst noch mehr schreiben, und es wird nicht nur ein Buch sein. Du kannst Menschen anregen nachzudenken, und das ist wichtig. Die neue Zeit braucht solche Menschen. Ich gehe in Liebe.«*

Wie ich vermutet hatte, ging es um dieses Buch, aber noch mehr hatte Alex einfach das Bedürfnis gehabt, uns zu sagen, wie es dazu kam. Sie war dieses Mal nicht auf einzelne Familienmitglieder eingegangen, was vielleicht für den einen oder anderen enttäuschend sein mag, nein, sie hatte einfach über sich selbst zu reden, und ich find' das gut, ja sogar wunderbar. Mein Sohn war traurig, denn er hatte erwartet, etwas mehr über sich oder über sie beide zu hören, und das verstehe ich auch sehr gut. Nur ich glaube nicht, daß Alex dies dann jetzt zu ihm sagen würde, denn ganz persönliche, intime Dinge, gehen ganz einfach nur die beiden, Alex und Stephan, etwas an und sind nicht für die Allgemeinheit bestimmt. Sie hat auch Stephan schon so oft Zeichen gegeben, dann werden die ganz persönlichen Botschaften auch an ihn ganz persönlich gerichtet werden und nicht an die vielen Menschen, die diese Zeilen lesen werden. Als ich ihm das erklärt habe, hat er es schließlich auch verstanden.

So hatte Alex es also geschafft, nachdem sie schon im irdischen Leben niemanden so ganz und gar zu hundert Prozent an sich herangelassen hatte, so war sie jetzt, wie wir eben hören konnten, dazu imstande und konnte einfach so über ihr Gefühlsleben reden und damit auch noch den Menschen eine hilfreiche Botschaft hinterlassen. Liebe nehmen, aber auch Liebe geben können ist das wichtigste im Leben, aber nur wenn es nicht an Bedingungen geknüpft ist.

Meinem Sohn geht es mittlerweile wieder ziemlich gut, er lacht wieder, geht wieder aufrecht wie ein Mann. Er ist glücklich in seinem eigenen neuen Heim, ist sehr glücklich an seinem Arbeitsplatz mit seinen netten Kollegen, und die Liebe, die kommt ganz gewiß. Das hat noch etwas Zeit, aber wir wissen es ja, da Alex bei allem anderen bisher auch recht hatte. Eine kleine, weitere Aufgabe habe ich noch für Alex. Ich möchte, daß sie selbst mir sagt, welcher Grabstein ihr gefällt, denn nach wie vor fand ich keinen der zu ihrer Persönlichkeit passen würde. Meine Bitte hab ich schon nach oben gesandt und ich bin mir sicher, so ganz plötzlich wird mir gezeigt werden, was sie sich ausgesucht hat, und darauf warten wir.

Ich hab' eine lange Zeit lang versucht, die Dinge, die da im letzten halben Jahr geschehen waren zu analysieren und für mich selbst erklären zu können. Nur habe ich festgestellt, es gibt unsagbar viele Dinge, die zu meinem Leben gehören, die ich akzeptiere, benutze und die völlig normal für mich sind, obwohl ich sie nicht erklären kann. Fast jeder Mensch weiß, daß wenn man mit einer Blume besonders liebevoll umgeht, diese besonders gut wächst, während eine andere unter gleichen Bedingungen eingeht, wenn man sie nicht beachtet. Das ist den Menschen mittlerweile ganz geläufig, aber bei allem was mit dem Sterben zu tun hat, oder dann noch besser mit dem Leben danach, da will unsere Logik immer alles ganz genau erklären oder stellt es gleich in Frage. Da habe ich persönlich in den letzten Monaten unheimlich viel lernen und auch glauben müssen, und ich muß sagen, daß mir das meiste bis heute selbst nicht erklärbar ist, aber jetzt nehme ich das alles einfach an, was da so kommt.

Im Bezug auf unsere Alex weiß ich einfach, unsere Kommunikation ist noch lange nicht vorbei, denn sie ist mitten unter uns und nimmt an unserem Leben teil.

Da fällt mir gerade ein, was Sandra letzte Woche träumte. Sie sah sich mit mir und unserer Familie in Urlaub. Da war ein Schwimmbad, und die Menschen an diesem Ort konnten »Schiffchen der Liebe« ins Wasser setzen, und Sandra konnte sehen, daß Alex am anderen Ende des Pools stand. Alle Menschen, wie sie da so standen, setzten ihre Schiffchen ins Wasser und schickten diese zu unserer Alex. Sie nahm die kleinen Schiffe aus dem Wasser, und es wurden immer mehr und immer mehr, so daß sie diese gar nicht mehr tragen konnte. So sehr wurde sie überschüttet mit Liebe.

Für mich habe ich diesen schönen Traum so gedeutet, daß ganz viele Leser dieses Buches in liebevollen Gedanken an unsere Alex schwelgen werden. Sowenig sie in ihrer Kindheit Liebe bekam und empfand, so viel mehr Liebe erhält sie jetzt. Ein wunderschöner Gedanke.

So wollte ich eigentlich mein Buch enden lassen.

Nur mittlerweile, das Buch lag beim Verlag, die Wochen vergingen, hat sich meine Bitte, die ich nur ein- zwei Seiten vorher, an Alex gerichtet hatte, bereits erledigt.

Meine Freundin Beate, die ich seit über 25 Jahren kenne, hat mich eine Woche vor Weihnachten angerufen, ganz aufgeregt war sie. Sie meinte, sie müsse mir dringend sofort etwas erzählen. Sie war mit ihrem Mann an diesem Tag, spätnachmittags zu einem Granithandel gefahren, der sich circa 20 Kilometer von unserem Ort entfernt befindet, da beide immer noch ein Hauseingangspodest zu ihrem neuen Haus brauchten. Während meine Freundin so im Büro stand und wartete, wurde unmittelbar vor ihr, auf dem Schreibtisch ein Bild abgelegt. Als würde ihr jemand eine mit der Schaufel überziehen, fiel ihr sofort »Alex« ein, denn auf dem Bild befand sich ein »wunderschöner«, wenn man das so sagen kann, Grabstein. Unmittelbar erkundigte sie sich nach diesem Stein und bekam zu hören, daß es diesen eigentlich gar nicht gäbe. Der Kunde, für den dieser eigentlich war, wäre durch Italien gefahren und hätte ihn gesehen und bei diesem Künstler dann eine Lizenzgebühr für das Nachmodellieren bezahlen müssen. Die Lizenz betrug 1400 Euro und der Stein an sich nochmal 3000 Euro. Meine Freundin war ganz hin und weg, denn sie wußte einfach, das ist der Grabstein für Alex. Anschließend wollte sie mir noch ein Bild davon mitbringen, aber der Chef der Firma meinte, das dürfe er nicht, da dieser italienische Künstler die Rechte darauf hätte. Ich hab' diesen Stein noch nicht gesehen, da ich mich erst auf dem Weg dorthin begeben muß, wenn ich wieder mal Zeit habe und wenn der Winter vorbei ist, aber bereits jetzt weiß ich »der wird es sein«. Es kann sich nicht um Zufall handeln, daß meine Freundin zum Hauseingangspodest aussuchen fährt, und dann genau ein Bild eines Engelgrabsteins zu sehen bekommt, das genau vor ihren Augen, abgelegt wird. Also ist auch diese Aufgabe, mit dem Einfallsreichtum von Alex erledigt worden.

Mein Leben lang hatte ich immer relativ große Angst vor dem Tod. Das ist jetzt nach dieser ereignisreichen Zeit absolut vorbei. Ich will zwar noch sehr lange leben, schließlich habe ich Kinder und einen Mann, bin sehr lebenslustig und will noch viel bewegen, und ich will meinen Enkeln eine gute Oma sein. Nur vor dem Sterben an sich habe ich die Angst verloren, und das ist ein sehr beruhigendes Gefühl und macht frei.

Dieses Buch wurde von mir, meinem Sohn und meiner Tochter, die ja beide intensiv mitgeholfen haben, und meinem Mann ( der dieses Jahr durch diese Umstände mich viel entbehren mußte und mich stets unterstützte) unserer Alex gewidmet, die acht Jahre in ihrem Leben zu unserer Familie im irdischen Sinne gehörte. Sie selbst hat ebenso geholfen, dieses Buch zu schreiben, mich angetrieben, und dafür möchte ich mich ganz, ganz wahnsinnig bei ihr bedanken, da sie manchmal schon ziemlich einfallsreich war und nicht aufgegeben hat, bis ich es begriffen habe. Ich möchte ihr aber auch mitteilen, daß sie nicht nur diese irdischen acht Jahre bei uns war, sondern daß sie es in unserem Herzen immer bleiben wird, ein Familienmitglied das von vielen geliebt wurde.

Am 1. Dezember hat unsere Alex Geburtstag und zu diesem Anlaß, lassen wir, ihre neue Familie, genau an diesem Tag von International Star Registry, einen Stern auf ihren Namen taufen. Auch in hundert Jahren, wenn wir auch schon gar nicht mehr da sind, wird sie dort noch verewigt sein.

Deine Schwiegermutter, im Wissen daß du Alex, uns irgendwann am anderen Ende des Horizonts willkommen heißen wirst, wenn wir denn eines Tages über diese Schwelle gehen.